अर्थविज्ञान

अर्थविज्ञान

डॉ. ब्रजमोहन

वाणी प्रकाशन

वाणी प्रकाशन
ज्ञान के विविध आयामों के प्रकाशक

वाणी प्रकाशन का 'लोगो' विख्यात चित्रकार मक़बूल फ़िदा हुसेन की कूची से

वाणी प्रकाशन, 4695, 21-ए, दरियागंज, नयी दिल्ली-110002
वाणी प्रकाशन, अशोक राजपथ (पटना कॉलेज के सामने), पटना (बिहार)

ARTHVIGYAN
by Dr. Brajmohan
Lingustic

ISBN : 978-93-5000-130-1

प्रथम (वाणी) संस्करण

मूल्य : 200/-

वाणी प्रकाशन

फोन : 0091#11#23273167, 23275710
फैक्स : 0091#11#23275710
वेबसाइट : www.vaniprakashan.in
ई-मेल : vaniprakashan@gmail.com
vani_prakashan@yahoo.com

आर.टेक ऑफसेट प्रिंटर्स द्वारा दिल्ली-110095 में मुद्रित

प्रस्तावना

अर्थविज्ञान को भाषाविज्ञान की ही एक शाखा माना जाता है, और है भी । इसीलिए भाषाविज्ञान के लेखक इस विषय पर एक अध्याय अपनी पुस्तक में देते रहे हैं । सन् 1947 में इलाहाबाद के डॉ. बाबूराम सक्सेना ने पटना विश्वविद्यालय में अर्थविज्ञान पर सात व्याख्यान दिए थे जो पुस्तकाकार प्रकाशित हुए । संभव है कि हिंदी में इस विषय की पहली स्वतंत्र पुस्तक वही रही हो । तत्पश्चात डॉ. हरदेव बाहरी ने इस विषय पर एक शोधप्रबंध लिखा जो इलाहाबाद विश्वविद्यालय द्वारा डी. लिट् उपाधि के लिए स्वीकृत हुआ । वह "हिंदी सिमैंटिक्स" शीर्षक से पुस्तक रूप में अंग्रेजी में प्रकाशित हुआ । हो सकता है कि इस विषय में और भी पुस्तकें निकली हों जिनका पता हमें न हो ।

मैं अनौपचारिक रूप से वर्षों से भाषाविज्ञान का अध्येता रहा हूँ । मेरी आकांक्षा थी कि इस विषय पर एक पुस्तक लिखूं । किंतु अब मैं वृद्धावस्था में कई सोपानों पर पैर रख चुका हूं । आंखें भी अब समुचित रूप से साथ नहीं देतीं । अतः अब मैं ऐसी योजना बनाना नहीं चाहता जो काबू के बाहर हो जाए । अतएव मैंने उक्त विषय की एक शाखा "अर्थविज्ञान" चुन ली, जिसमें मेरी विशेष रुचि रही है । एक कारण यह भी था कि मैं तर्कशास्त्र का विद्यार्थी रहा हूं और मुझे इन दोनों विषयों में घनिष्ठ संबंध दिखाई पड़ा । मैं निगमन तर्कशास्त्र को आधार मानकर चला हूं, और तत्पश्चात् मैंने "अर्थविज्ञान" में डुबकी लगाई है । पता नहीं पाठकों को मेरा यह दृष्टिकोण पसंद आएगा या नहीं ।

मैं अपने मित्र श्री धर्मराज मिश्र का आभारी हूँ जिन्होंने इस पुस्तक की टंकित प्रति तैयार कराने में मेरी बड़ी सहायता की है ।

21 जून, 1988 **ब्रजमोहन**

विषयानुक्रम

1.	तर्क वाक्य	9
2.	शब्द और पद	16
3.	पदों का वाच्यार्थ और गुणार्थ	21
4.	वाच्यधर्म	25
5.	परिभाषा की परिभाषा	31
6.	तार्किक विभाजन	42
7.	"अर्थ" का अर्थ	50
8.	अर्थ का प्रतीति	61
9.	शब्द और अर्थ का संबंध	74
10.	शब्द शक्तियां और अर्थ निर्णय	90
11.	अर्थ परिवर्तन की दिशाएं	100
12.	अर्थ परिवर्तन के कारण	107

1. तर्क वाक्य

1.1. एक छोटा-सा वाक्य लीजिए, "मुर्गा बोला।" स्पष्टतः इसके दो भाग हैं, "मुर्गा" जिसके विषय में कुछ कहा गया है और "बोला", अर्थात् मुर्गे के विषय में जो बात कही गई है।

पहले शब्द को "उद्देश्य" और दूसरे को "विधेय" कहते हैं। उद्देश्य सामान्यतः संज्ञा या सर्वनाम होता है और विधेय में स्पष्ट या प्रच्छन्न रूप कोई क्रिया अकथ्य होती है। इसके अतिरिक्त किसी वाक्य में अन्य शब्द भी हो सकते हैं जो कर्म, उद्देश्यविस्तार अथवा क्रियाविस्तार आदि कहलाते हैं। हम यहां एक वाक्य लेते हैं:

'दिनेश के पिता मोहनलाल ने एक बढ़िया-सा व्याख्यान दिया।' इसमें मोहनलाल उद्देश्य है, दिनेश के पिता, उद्देश्यविस्तार। वाक्य का शेषांश विधेय है जिसमें "व्याख्यान" कर्म है, "बढ़िया-सा" कर्मविस्तार। वाक्य का कोई निश्चित परिमाण नहीं है। वह एक शब्द का भी हो सकता है, कई पंक्तियों का भी, कई-कई पन्नों का भी। "कादंबरी" में एक-एक वाक्य कई-कई पन्नों तक चलता है। छोटे वाक्यों के लिए इस संवाद पर विचार कीजिए:

> बहूरानी !
> जी, मासी जी !
> क्या आज रामदीन आया था ?
> जी नहीं !
> कब आएगा ?
> ग्यारह बजे !

वैयाकरणों ने वाक्य की परिभाषा भिन्न-भिन्न रूपों में दी है: 1. एक ऐसा पद समूह जो किसी पूर्ण विचार को व्यक्त करे, 2. कथन की कोई स्वतंत्र इकाई, 3. एक ऐसा अभिव्यंजक जिसमें कम-से-कम एक उद्देश्य और एक विधेय हो।

यों तो ऊपर दिए गए कथोपकथन की छहों उक्तियां वाक्यों का काम दे रही हैं, किंतु इनमें से कई में उद्देश्य अथवा विधेय की कमी है। चौथे और छठे वाक्यों का पूर्ण रूप यह होगा:

> जी नहीं, आज रामदीन नहीं आया है।
> रामदीन ग्यारह बजे जाएगा।

ऊपर दोनों वाक्यों में उद्देश्य और विधेय प्रत्यक्ष हो गए हैं। जिन वाक्यों में उद्देश्य और विधेय होते ही नहीं, अर्थात् न प्रत्यक्ष रूप में, न प्रच्छन्न रूप में, उन्हें वैयाकरण औपचारिक वाक्य नहीं मानते। निम्नलिखित वाक्य औपचारिक नहीं हैं :

शाबाश !
ओ बेपेंदी के लोटे !
भला रे, भला ?

बहुत-सी गालियां अनौपचारिक वाक्यों के रूप में होती हैं। कुछ कहावतों का भी ऐसा ही रूप होता है, जैसे :

दमड़ी की हँड़िया, टका सिर मुंड़ाई।
नाच न जाने आंगन टेढ़ा।।

यों, शब्द बढ़ाकर इन्हें भी औपचारिक बनाया जा सकता है, किंतु खींचतान से।

किसी वाक्य में क्या-क्या गुण होने चाहिए, इस प्रश्न पर हम आगे विचार करेंगे, किंतु उसमें कोई क्रम, व्यवस्था अथवा तारतम्य आवश्यक है। मान लीजिए कोई कहता है :

"चिड़िया से दी एक हरी मार ने गुलेल।"

तो इसका कोई अर्थ नहीं निकलेगा। और यदि कहें "गुलेल ने दी चिड़िया से मार हरी एक।" इसका भी कोई अर्थ नहीं निकलेगा किंतु यदि कहें, "हरी ने गुलेल से एक चिड़िया मार दी," तो मतलब स्पष्ट हो जाएगा। यह इस वाक्य के शब्दों का व्यवस्थित रूप है। ऐसा नहीं कि किसी वाक्य में कोई क्रमपरिवर्तन हो ही नहीं सकता। हम उपर्युक्त वाक्य को इस रूप में भी लिख सकते हैं :

"हरी ने एक चिड़िया, गुलेल से मार दी।"

तो यह भी पूर्ण रूप से एक औपचारिक वाक्य है। ऊपर के वाक्य से हमारा यह तात्पर्य है कि वाक्य में क्रमपरिवर्तन की एक सीमा होती है। हम मनमाने ढंग से क्रमपरिवर्तन नहीं कर सकते।

1.2. किसी वाक्य में क्या-क्या अपेक्षित गुण होने चाहिए, इस विषय में सारे तर्कशास्त्री एकमत नहीं हैं। किंतु अधिकतर इन गुणों को आवश्यक समझते हैं :

सार्थकता, शक्यता, पूर्णता, पदक्रम, अन्विति

सार्थकता : वाक्य का कुछ-न-कुछ अर्थ होना चाहिए। पागलों के प्रलाप में सामान्यतः कोई अर्थ नहीं होता। कुछ उदाहरण लीजिए :

बुल्लुत, पुल्लमुसाग, पटुल्लुम। खौलता हुआ बरफ़, चीनी की नमकीन टिकिया, भैंस का भतीजा।

ये शब्द और पदबंध तो स्पष्टतः निरर्थ हैं । किंतु यहां हमारा तात्पर्य केवल इस प्रकार की उक्तियों से नहीं है । कुछ अभिव्यंजक ऐसे होते हैं कि उनके समस्त शब्द सार्थक होते हुए भी वाक्य का कोई अर्थ नहीं निकलता या निकलता भी है तो बड़ी कठिनाई से । एक उदाहरण देखिए :

(क) मालूम होता था कि साक्षात अपनी रामतीर्थ की पवित्र वाणी सुन रहे हैं ।
(पद्म सिंह शर्मा : स्व. प्रो. पूर्ण सिंह)

(ख) बाग़बान जो दीन दशा में आ गया है और इसके लड़के वाले जो काम न करने से भिखारी हो गए, बड़े-बड़े धनियों के समकक्ष हो गए तो अचरज क्या है ?
(बालकृष्ण भट्ट : विशाल वाटिका)

1.3. वाक्यों की संख्या अनंत है । सब प्रकार के वाक्य तर्कशास्त्र के मतलब के नहीं होते । तर्कशास्त्रियों का सरोकार मुख्यतः ऐसे ही वाक्यों से होता है जो वर्तमान काल में होते हैं और जिनका मुख्य क्रियापद "होना" का ही कोई रूप होता है । एक सरल वाक्य लीजिए :

पृथ्वी गोल है ।

इस वाक्य के तीन अंग हैं :

(क) उद्देश्य (सब्जेक्ट) "पृथ्वी" जिसके विषय में कोई बात कही गई है ।
(ख) विधेय (प्रेडिकेट) "गोल" जो बात कही गई है ।
(ग) संयोजक "है" जो उक्त दोनों पदों को जोड़ता है ।

ऐसे वाक्य को तर्कवाक्य (प्रोपोजीशन) कहते हैं । इसके सदैव तीन ही अंग होते हैं । संयोजक सकारात्मक अथवा नकारात्मक होता है ।

ईश्वर अन्यायी नहीं है ।
तुम भी अजब आदमी हो ।
मैं बहरा नहीं हूं ।

ऊपर के उदाहरणों से यह स्पष्ट है कि संयोजक के ये रूप हो सकते हैं : है, नहीं है, हो, नहीं हो, हूं, नहीं हूं ।

तुम हो कि मेरी याद भी दिल से निकाल दी,
मैं हूं कि एक बोझ है जीना तेरे बग़ैर ।

कुछ वाक्य तर्कवाक्य के रूप में नहीं होते किंतु उन्हें उक्त रूप में डाला जा सकता है । जैसे,

वह कल जाएगा ।

इस वाक्य को तार्किक रूप में इस प्रकार लिखा जा सकता है : वह एक ऐसा व्यक्ति है जो

कल जाएगा। एक अन्य वाक्य है; 'रावण ने सीता को हर लिया था।' इसको तार्किक रूप में इस प्रकार कह सकते हैं : 'रावण एक ऐसा व्यक्ति है जिसने सीता का हरण किया था।'

यह एक प्रकार से पिछले वाक्य पर अत्याचार है क्योंकि "रावण" नाम के व्यक्ति का आज अस्तित्व ही नहीं है। किंतु तर्कशास्त्र में इस बात का विचार नहीं किया जाता कि पद जिन व्यक्तियों अथवा वस्तुओं का प्रतिनिधित्व करता है, उनकी वास्तविक सत्ता संसार में है या नहीं। 'गंध मादन पर्वत के पार परियों का एक संसार है।' निश्चित रूप से यह एक तर्कवाक्य है, चाहे परियों का अस्तित्व हो या न हो। एक और उदाहरण लें; 'हिमालय पर्वत पर यति रहता है।'

यति एक ऐसा व्यक्ति है जो हिमालय पर्वत पर रहता है। यह पूर्णरूपेण एक तर्कवाक्य है चाहे यति रहता हो या न रहता हो। प्रश्नवाचक, इच्छासूचक, विस्मयबोधक, आदेशात्मक वाक्यों को तर्कवाक्य नहीं माना जाता क्योंकि इनको तार्किक रूप में ढालना कठिन होता है। कुछ प्रश्नवाचक वाक्य तो इस रूप में ढाले भी जा सकते हैं, जैसे, (1) कौन आया ? तार्किक रूप : कौन है जो आया ? (2) किससे पूछूं ? तार्किक रूप : कौन है जिससे पूछूं ? (3) क्या बात है ? (यह जो तार्किक रूप में ही दिया है।)

विस्मय बोधक वाक्यों के नमूने इस प्रकार हो सकते हैं : (1) क्या बात है ? (यह तो यों ही तर्क वाक्य है।) (2) अच्छे रहे। (3) खूब कही।

आदेशात्मक तथा इच्छा सूचक वाक्य यहां दिए गए हैं : (1) जाओ ! (2) चावल चूल्हे पर चढ़ा दो। (3) मान भी जाओ (4) मन में आता है उड़ चलूं घर को। या नीचे दी गई पंक्तियों को लें :

आना है तो सम्मुख आओ, चर्म चक्षुओं के मेरी।
अगर नहीं, तो मन मंदिर में करो न मनमानी फेरी।।

ऐसे वाक्यों को तर्कवाक्य का रूप देना बहुत कठिन है। यदि इस प्रयास में हम सफल हो भी जाएं तो उसमें बेचारे वाक्य का कचूमर निकल जाएगा। इसलिए तर्कशास्त्रियों ने कुशल इसी में समझी कि ऐसे समस्त वाक्यों को तर्कवाक्यों के वर्ग से अलग कर दिया। एक सुंदर-सा छंद है :

यह दौलत भी ले लो, यह शोहरत भी ले लो,
भले छीन लो मुझसे मेरी जवानी।
मगर मुझको लौटा दो बचपन का सावन,
वह काग़ज की नैया, वह वर्षा का पानी।।

ऐसी सुंदर पंक्तियां हैं। भला ऐसा कौन होगा, इन्हें पढ़कर जिसे बचपन के दिन याद न आ जाते हों।

मैंने एक दिन एक तर्कशास्त्री से पूछा, "भला, इस दोहे में कौन-सी खराबी है जो तुम

इसे तर्कशास्त्र के दृष्टिकोण से "वाक्य" नहीं मानते।" वे बोले, "इसमें संयोजक कहां है ?"

1.4. प्रयत्न यह करना चाहिए कि वाक्य का अर्थ स्पष्ट हो, और वाक्य द्वयर्थक न हो। एक छोटा-सा वाक्य है, "मारो मत, आने दो !" एक अल्पविराम के इधर-उधर कर देने से अर्थ बदल जाता है, जैसे "मारो, मत आने दो।"

बहुत-सी पहेलियां द्वयर्थक वाक्यों के रूप में दी जाती हैं। जैसे, "बाला था, सबके मन भाया, बढ़ा हुआ कुछ काम न आया। अथवा उसके जाते, फाटे हिया, क्यों सखि "साजन" ना सखि दीया।।"

यहां दो उदाहरण और देते हैं :

(क) मुझे तुमको दस रुपए देने हैं।
(ख) मुझे जुकाम हो गया है।
जाता रहेगा।
मुझे खांसी भी आने लगी है।
वह भी जाती रहेगी।
मेरी आंखें भी आ गई हैं।
जाती रहेंगी।

1.5.1. शक्यता अथवा योग्यता वाले वाक्य ऐसे होते हैं जिनमें कोई ऐसी बात न कही गई हो जो भौतिक दृष्टि से असंभव हो। हम दिनभर न जाने कितने वाक्य बोलते हैं जिनमें कोई अशक्यता नहीं रहती, जैसे :

(क) मैं बाज़ार जा रही हूँ।
(ख) बिल्ली ने चूहे को खा लिया।
(ग) वह उचककर घोड़े पर बैठ गया।

किंतु अब नीचे दिए गए तीन प्रसंगों में प्रयुक्त वाक्यों पर विचार कीजिए :

(1) दो बच्चे लड़ रहे थे। एक बोला, "मैं तुझे होल्डर की निब से मारूंगा।" दूसरे ने उत्तर दिया, "मैं गोंददानी के हैंडिल से तेरी नाक काट लूंगा।"

(2) एक शराबी, नशे में धुत्त, चुंगी की लालटेन पर चढ़ने लगा। एक पुलिसमैन देखकर उसके पास आया और बोला, "इतनी क्यों पी लेते हो कि धुत्त हो जाओ ?" शराबी बोला, "कौन कहता है कि मैं नशे में हूं।" पुलिसमैन ने पूछा, "फिर लालटेन पर क्यों चढ़ रहे हो ?" शराबी ने उत्तर दिया, "सड़क पर एक मगर मेरा पीछा कर रहा था।"

(3) दो मूर्ख नदी किनारे टहल रहे थे। एक बोला, "क्यों जी, यदि इस नदी के पानी में आग लग जाए तो बेचारी मछलियां कहां जाएंगी ?"

दूसरा, "अजीब बौड़म हो। देखते नहीं किनारे पर कितने पेड़ हैं। इनमें से किसी पर चढ़ जाएंगी।"

पहला, "वाह रे मूर्ख ? क्या मछलियां भी कोई गाय-भैंस हैं जो पेड़ पर चढ़ जाएं ?"

1.5.2. वाक्य में कोई पूर्ण विचार व्यक्त होना चाहिए। श्रोता के मन में कोई आकांक्षा न रह जाए, उस तात्कालिक प्रकरण के विषय में जानने की। यदि हम कहें कि "वह कहने लगा," तो संभवत: श्रोता के मन में जिज्ञासा होगी कि वह क्या कहने लगा ? और यदि वक्ता ने पहले से उसे नहीं बताया है कि "वह" का प्रयोग किसके लिए किया है तब तो यह भी आकांक्षा रहेगी कि "वह" कौन है ?

इसी प्रकार के कई अधूरे वाक्य ये हैं : (क) जब वह आया था। (ख) किसके पीछे ? (ग) सवेरे 5 बजे। (घ) वक्ता : मैंने कब कहा था ? श्रोता : क्या कहा था ? वक्ता : कि तुम उल्लू हो। (ङ) ब्रितानिया में स्कॉटलैंड के निवासियों की कंजूसी की बहुत सी कहानियां प्रचलित हैं। एक महोदय व्याख्यान दे रहे थे, "आप लोग जानते हैं कि स्कॉट और नारियल में क्या भेद है। नारियल में से आप शरबत निकाल सकते हैं, किंतु ···।"

श्रोताओं में कोई स्कॉट बैठा हुआ था। उसने समझ लिया कि वक्ता क्या कहने जा रहा है। वह खड़ा होकर बोला, "क्षमा करो, मैं एक स्कॉट हूं। क्या आप शरबत पीना चाहेंगे ?" वक्ता बोला, "बड़ी खुशी से।" स्कॉट, "तो बाजार से एक नारियल खरीद लीजिए।"

1.5.3. हिंदी के वाक्यों में पदों का क्रम बिलकुल निश्चित तो नहीं होता। उनमें थोड़ा बहुत परिवर्तन हो सकता है। हम कहते हैं कि पुस्तक मेज पर रखी है। इसे यों भी कह सकते हैं कि मेज पर पुस्तक रखी है। एक तीसरा ढंग यह भी है कि पुस्तक रखी है मेज पर। किंतु ऐसे क्रम परिवर्तन की एक सीमा होती है। क्रम परिवर्तन से अर्थ में अंतर भले ही न पड़े, सारे पदों पर एक-सा ज़ोर नहीं रहता।

पहले वाक्य "पुस्तक मेज़ पर रखी है" में सामान्य विधान है। किंतु यदि कोई पूछे कि "मेज पर क्या रखा है ?" तो उत्तर होगा कि "मेज पर पुस्तक रखी है।"

किंतु यदि प्रश्न यह है कि "पुस्तक कहां रखी है ?" तो उत्तर होगा, "पुस्तक रखी है मेज पर।"

दूसरे वाक्य में "पुस्तक" पर जोर है, तीसरे में "मेज" पर।

एक सामान्य-सा नियम है कि पदों में तर्कसंगत सामीप्य होना चाहिए। यदि कोई कहे कि "मैंने दो लकड़ी की कुर्सियां खरीदी हैं," तो "दो" का संबंध कुर्सियों से है, न कि लकड़ी से। अत: पदों का तर्कयुक्त क्रम होगा : "मैंने लकड़ी की दो कुर्सियां खरीदी हैं।" इसी प्रकार के दो-एक उदाहरण और देखिए : (क) तीन पानी की बाल्टियां। तर्कयुक्त क्रम, "पानी की तीन बाल्टियां।" (ख) पांच कबूतरों के जोड़े। तर्कयुक्त क्रम, "कबूतरों के पांच जोड़े।" (ग) पर डाक्टरनी के झोले में अपच की भी तो रामबाण की गोलियां रहती थीं। वह दो ऐसी गोलियां भी खिला देती—शिवानी (के)। संशोधित रूप : वह ऐसी भी दो गोलियां खिला देती; अथवा : वह दो गोलियां ऐसी भी खिला देती। (घ) कहीं नाव टकरा जाती, या ऊपर

चढ़ जाती, चंपा तो ··· प्रसाद (आकाश दीप)। यदि "चंपा" वाक्य के आरंभ में रखा जाता तो वाक्य सुघड़ हो जाता।

अब एक दूसरे प्रकार के क्रमभंग की बानगी देखिए :

(अ) और एक और बात भी है, इसे पूरे नंबर दे देती तो आप फेल हो जाती।—सुदर्शन (हंस की चाल)। संशोधित रूप—और एक बात और भी है ····।

1.5.4. अन्विति वाले वाक्य में कोई असंगति नहीं होनी चाहिए। मान लीजिए कोई लिखता है : कौआ अंधेरी रात में दिन भर उड़ा किया। यहां तो स्पष्ट रूप से तथ्यात्मक असंगति है। किंतु इस समय हम इस प्रकार की असंगति पर विचार नहीं करेंगे। कुछ लेखक पदों में लिंग, पुरुष, वचन, काल आदि का तालमेल नहीं बिठा पाते। यहां हम उक्त प्रकार की असंगतियों का ही विवेचन करेंगे :

(क) पैर न जाने उसके कहां जा रहे थे, और वह न जाने कहां जा रहा है।—जैनेंद्र (अपना अपना भाग्य) वाक्य के पहले भाग में भूतकाल और दूसरे में वर्तमान काल!

(ख) कदाचित् मेदिनी पृथ्वी का नाम इसी से पड़ गया कि पृथ्वी उन्हीं मेंदा-चर्बी की बनी है।— बालकृष्ण भट्ट (विशाल वाटिका)

(ग) और गोमती अंगीठी उठाकर दूसरे कमरे में बच्चे की छाती पर सेंक देने चली गई थी।—अश्क (पिंजरा)

(घ) जब पांडवों ने एक वर्ष का अज्ञातवास किया था, तब अर्जुन एक हिजड़े के रूप में राजा विराट के दरबार में पहुंचा था। उसने अपना नाम वृहन्नला बताया था। वह उभयलिंगी भाषा बोलता था। उसने जो अपना परिचय दिया था, उसका वर्णन एक विनोदी कवि ने इस रूप में किया है :

जब गाती और बजाती था, सौ तरह के नाच, दिखाती था।
जब बाज़ारों में चलता थी, तो दुनिया मुझको ताकथा थी।।

2. शब्द और पद

2.1. "शब्द" का मौलिक अर्थ है "ध्वनि"। इस प्रकार तो हम किसी भी ध्वनि को "शब्द" कह सकते हैं। सुबह से शाम तक न जाने कितनी आवाजें हमारे कानों में पड़ती हैं, जैसे :

1. रेल के इंजन की छुक-छुक-छुक...
2. किवाड़ की चूं-चूं
3. मेढ़क की टर्र-टर्र

एक व्यक्ति बहुत देर से अपने फाटक की चूल में तेल डाल रहा था। उसकी पत्नी घर से निकली, और बोली, "क्यों जी, मैं सितार कैसा बजा रही थी?"

पति स्तंभित होकर बोला, "अरे, तुम सितार बजा रही थी। मैं सोचता था आज यह फाटक क्यों चूं-चूं कर रहा है। मैं इसीलिए इसकी चूल में तेल डाले जा रहा था।"

स्पष्ट है कि प्रत्येक ध्वनि को "शब्द" कह देने से हमारा काम नहीं चलेगा। हमें शब्द की कोई सुगठित परिभाषा बनानी पड़ेगी। अधिकतर विद्वान "शब्द" की इस परिभाषा को मानते हैं :

किसी स्वतंत्र, सार्थक ध्वनि को शब्द कहते हैं। ऊपर हमने कई निरर्थक ध्वनियां दी हैं, जिन्हें हम शब्द नहीं कह सकते। ध्वनि सार्थक तो होनी ही चाहिए। उसका स्वतंत्र होना भी आवश्यक है। कुछ ध्वनियां स्वयं सार्थक नहीं होतीं, किंतु जब वे अन्य शब्दों के साथ जोड़ी जाती हैं तब सार्थक बन जाती हैं। ऐसी परतंत्र ध्वनियों को शब्दांश कहते हैं।

"अन" स्वयं कोई सार्थक ध्वनि नहीं है, किंतु इसमें "पढ़" लगा देने से "अनपढ़" शब्द बन जाता है, जिसका अर्थ है "बिना पढ़ा लिखा", अर्थात् "निरक्षर"। ऐसी ध्वनियों को "उपसर्ग" कहते हैं। दो-एक उदाहरण और लीजिए :

नि, अब, उप, सं......

कुछ ध्वनियां शब्दों के अंत में लगती हैं, जैसे तः, तया, पा, वाला...। उदाहरण : साधारणतया, स्वतः, बुढ़ापा, बिस्कुटवाला। ऐसी ध्वनियों को "प्रत्यय" कहते हैं।

2.2 जो शब्द या शब्द-समूह किसी तर्क वाक्य का उद्देश्य या विधेय हो, अथवा उक्त रूप में प्रयुक्त हो सके, उसे पद (Tearm) कहते हैं। दो-चार तर्क वाक्य लीजिए :

(1) शरीर नाशवान है।

इसमें "शरीर" और "नाशवान" पद हैं, और "है" संयोजक।

सकते हैं कि "तुकाराम" एक पुरुष का नाम है जो हिंदू है, और ज़ीनत एक स्त्री का नाम है जो मुसलमान है। इसी प्रकार "मथुरादास" कोई मथुरा का निवासी है, और "गया प्रसाद" गया का।

किंतु इन तर्कों में कोई तथ्य नहीं है। क्या तुकाराम एक तोते का नाम नहीं हो सकता और ज़ीनत किसी की पालतू बकरी का ? और यदि कोई कानपुर निवासी अपने बच्चे का नाम कलकतियामल रखे तो उसे कौन रोक सकता है ? और यदि पता चल भी जाए कि अमुक व्यक्ति कहां पैदा हुआ है तो यह उस व्यक्ति का कोई गुण नहीं हुआ। यह तो उसके जीवन का संयोग है कि उसने कहां जन्म लिया था।

बच्चों के नाम छुटपन में रखे जाते हैं। जब यह पता भी नहीं चलता कि बड़ा होकर यह क्या बनेगा। क्या यह आवश्यक है कि "चंद्रभा सिंह" चांद की भांति सुंदर हो। क्या किसी वीर का नाम भगोड़ेलाल नहीं हो सकता; और क्या यह असंभव है कि बहादुर नाम का कोई व्यक्ति डरपोक हो ? एक दोहा है :

> कंडा बेंचत लछमिन देखी, खर बीनत धनपाल।
> अमरसिंह तो मर गए, रह गए ठन-ठन-पाल।।

एक व्यक्ति को पुत्र प्राप्त हुआ। जब लड़का घुटनों चलने लगा तो उसके पिता ने एक ज्योतिषी से लड़के का भविष्य पूछा। ज्योतिषी ज़ी ने लड़के के सामने तीन वस्तुएं रख दीं— एक कलम, एक कागज जिस पर एक मंत्र लिखा हुआ था और एक केला।

ज्योतिषी जी ने कहा, "यदि यह लड़का केला उठा लेता है तो व्यापारी होगा, यदि मंत्र वाला कागज उठा लेता है तो पंडित या ज्योतिषी होगा और यदि कलम उठाता है तो लिखने पढ़ने वाला अर्थात् विद्वान होगा।"

लड़का आगे बढ़ा, वह मंत्र वाले कागज पर तो बैठ गया और एक हाथ में कलम ले ली, दूसरे हाथ में केला !

ज्योतिषी जी सिर खुजलाने लगे। फिर कुछ सोचकर बोले, "यह लड़का ऐसा व्यक्ति होगा जो धर्म को पैरों तले रौंदे, और हर बात में अपनी टांग घुसेड़े। ऐसा व्यक्ति एक राजनीतिज्ञ ही हो सकता है।"

स्पष्ट है कि व्यक्तिवाचक पद अगुणार्थक होते हैं। दौलतराम कोई भिखारी भी हो सकते हैं और दमड़ीमल कोई धन कुबेर। किंतु अधिकतर पदनाम संज्ञाएं गुणार्थक होती हैं, जैसे :

(क) मेरा सबसे बड़ा पुत्र।
(ख) भारत का वर्तमान प्रधानमंत्री।
(ग) संसार का सबसे बड़ा समुद्र।

समुद्र तो जातिवाचक संज्ञा (Common Noun) है, अतः सार्विक पद (General Terms) है, इसलिए गुणार्थक पद है। प्रशांत महासागर एक समुद्र का नाम है, अतः

(Singular Terms) विशेष पद है। किंतु "संसार का सबसे बड़ा समुद्र" प्रशांत महासागर होते हुए भी गुणार्थक है। इसी प्रकार राजीव गांधी नाम है, इसलिए अगुणार्थक है, किंतु ''भारत का वर्तमान प्रधानमंत्री'' गुणार्थ पद है।

3. पदों का वाच्यार्थ और गुणार्थ

3.1. आइए, इस बात पर विचार करें कि किसी पद के गुणार्थ में कौन-कौन से गुणों का समावेश होता है। इस विषय में तीन प्रकार की विचारधाराएं हैं :

(क) "मनुष्य" का गुणार्थ क्या है ? मनुष्य सोच सकता है, तर्क कर सकता है, बोल सकता है, हंस सकता है, खाना पका सकता है। इनमें से कौन-कौन से गुण उसके "गुणार्थ" के अंतर्गत रखे जाएं ? कुछ तर्कशास्त्रियों का यह मत है कि जिन गुणों का बोलनेवालों को पता है, बस उन्हीं का समावेश मनुष्य के "गुणार्थ" में होना चाहिए।

इसे तो "व्यक्तिगत गुणार्थ" कहते हैं। यह विचारधारा तो बहुत ही असंतोषजनक होगी, क्योंकि किसी पद का गुणार्थ प्रत्येक व्यक्ति के लिए अलग-अलग होगा। यदि ज्यामिति के किसी विद्यार्थी ने यह प्रमेय नहीं पढ़ा है कि "किसी त्रिभुज की दो भुजाओं का अंतर तीसरी भुजा से छोटा होता है" तो वह त्रिभुज के गुणार्थ में उच्च गुणधर्म का समावेश नहीं करेगा।

(ख) गुणार्थ में पद के समस्त ज्ञात गुणों का समावेश होता है। इस उत्तर से भी हमारा काम नहीं चलेगा। किसी पदार्थ के सारे ज्ञात गुणों का पता कैसे चलेगा ? कुछ गुण भारत के वैज्ञानिकों को ज्ञात होंगे, कुछ अमेरिका के वैज्ञानिकों को। यह तो निश्चित हो ही नहीं सकेगा कि हमें सारे ज्ञात गुणों का पता चल गया।

(ग) किसी वस्तु का गुणार्थ उसके समस्त ज्ञात और अज्ञात गुणों का समुच्चय है। आदर्श के विचार से तो यह उत्तर बढ़िया है किंतु यह कैसे पता चलेगा कि किसी पदार्थ के समस्त गुणों का पता अब हमें चल चुका है ? संभव है कल ही कोई नया गुण निकल आए, और उसे भी हमें अपनी ज्ञान गुदड़िया में बांधना पड़े। इस प्रकार तो हमारा ज्ञान सदैव अधूरा ही रहेगा।

स्पष्ट है कि ये तीनों ही उत्तर असंतोषजनक हैं। तब फिर ठीक उत्तर क्या होगा ? तर्कशास्त्रियों ने इस प्रश्न का उत्तर इस रूप में दिया है : "किसी पद का गुणार्थ उन समस्त गुणों का और केवल उन्हीं का, समुच्चय है जिनके अस्तित्व के कारण उसे उक्त नाम दिया गया है। यदि उन गुणों में से कोई भी लुप्त हो जाए तो तत्संबंधी वस्तु अथवा वर्ग को उक्त नाम नहीं दिया जाएगा।

मनुष्य के गुणों में से मर्त्यता और तर्कशीलता आवश्यक है। यही दो गुण मिलकर उसका गुणार्थ कहलाएंगे।

मान लीजिए हम "ऋजु रेखाकृतियों" पर ही विचार कर रहे हैं। त्रिभुज भी एक आकृति है। किंतु किस प्रकार की आकृति? जो तीन ऋजु रेखाओं से घिरी हो। अब

1. वह एक आकृति है।
2. सरल रेखाओं से बनी।
3. उक्त रेखाओं की संख्या तीन ही होनी चाहिए।
4. आकृति घिरी हुई हो।

यदि इनमें से कोई भी शर्त टूट जाए तो आकृति त्रिभुज नहीं कहलाएगी।

3.2. वाच्यार्थ और गुणार्थ का संबंध : मान लीजिए हम "मनुष्य" पद से आरंभ करते हैं। संसार में मनुष्यों की संख्या अरबों-खरबों होगी। सबके सब साक्षर तो नहीं होंगे। यदि "मनुष्य" के गुणार्थ में एक गुण है तो "साक्षर मनुष्य" के गुणार्थ में दो गुण होंगे : मनुष्यता और साक्षरता। इस प्रकार हमने गुणार्थ में एक गुण बढ़ाया तो वाच्यार्थ घट गया क्योंकि साक्षर मनुष्यों की संख्या समस्त मनुष्यों से कम होगी।

साक्षर मनुष्यों में भी सब स्नातक (बी. ए. पास) तो नहीं होंगे। अतएव, स्नातकों की संख्या साक्षर मनुष्यों की संख्या से कम होगी। हमारी सारिणी इस प्रकार की होगी :

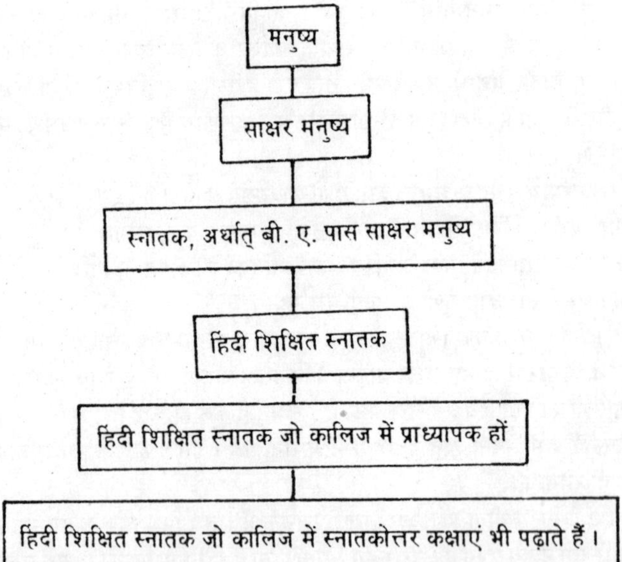

ऊपर की सारणी में हम देखते हैं कि प्रत्येक सोपान पर हमारे पद का गुणार्थ बढ़ता है और वाच्यार्थ घटता है। किंतु यदि हम इसी सारिणी में नीचे से ऊपर की ओर चलें तो प्रत्येक सोपान पर वाच्यार्थ बढ़ेगा और गुणार्थ घटेगा। हिंदी शिक्षित स्नातकों की संख्या से

स्नातकों की संख्या अधिक होगी, किंतु गुणार्थ में से एक गुण यानी हिंदी की शिक्षा, कम हो जाएगी।

अत: हम देखते हैं कि जब गुणार्थ बढ़ता है, तब वाच्यार्थ घटता है और जब गुणार्थ घटता है तब वाच्यार्थ बढ़ता है। इसी बात को हम इस रूप में व्यक्त करते हैं : गुणार्थ और वाच्यार्थ में प्रतिलोम संबध है। यदि गणितीय भाषा का प्रयोग करें तो कहेंगे कि "वाच्यार्थ" और "गुणार्थ" व्युत्क्रमानुपाती हैं।

किंतु इस सिद्धांत के प्रयोग की सीमाओं को सावधानी से समझ लेना चाहिए। इसका यह मतलब कदापि नहीं है कि यदि गुणार्थ 5 प्रतिशत बढ़ते हैं तो वाच्यार्थ भी उसी अनुपात में घटेंगे। प्रत्यक्ष बात तो यह है कि गुणार्थ में 5 प्रतिशत की वृद्धि का अर्थ ही कुछ नहीं निकलेगा।

मान लीजिए हम "अस्पताल" पद पर विचार कर रहे हैं। यदि किसी वर्ष देश के दो अस्पताल बंद हो जाएं, तो "अस्पताल" के गुणार्थ में कोई अंतर नहीं आएगा और कुछ नए अस्पताल खुलने का भी कोई प्रभाव नहीं पड़ेगा। इसके विपरीत यदि "तुलसी" का कोई नया गुण निकल आए तो उससे तुलसी के पौधों की संख्या में कोई अंतर नहीं आएगा और यदि यह सिद्ध हो जाए कि "वैद्यों" का यह विचार ग़लत था कि तुलसी जूड़ीताप के लिए लाभकारी है, तो भी तुलसी के पौधों की संख्या ज्यों-की-त्यों बनी रहेगी।

प्रतिलोम संबंध का अर्थ यह है कि यदि पदों का कोई वर्ग किसी श्रृंखलाबद्ध सारणी के रूप में विन्यस्त किया जाए जिसमें गुणार्थ अथवा वाच्यार्थ का आरोह अथवा अवरोह क्रम हो तो, ज्यों-ज्यों हम गुणार्थ की वृद्धि की ओर बढ़ेंगे, वाच्यार्थ घटता जाएगा। इसी प्रकार, यदि हम कम वाच्यार्थ से अधिक वाच्यार्थ की ओर जाएंगे तो गुणार्थ घटता जाएगा। यह ऊपर दी हुई सारणी से स्पष्ट हो जाता है।

अत: प्रतिलोम संबंध का नियम किसी एकाकी पद पर लागू नहीं होता, वरन् ऐसे पदों पर लागू होता है जो किसी श्रृंखला में नीचे ऊपर के हों।

मान लीजिए हम किसी नगर की प्राणी-संख्या से चलते हैं और निम्नलिखित श्रृंखला बनाते हैं :

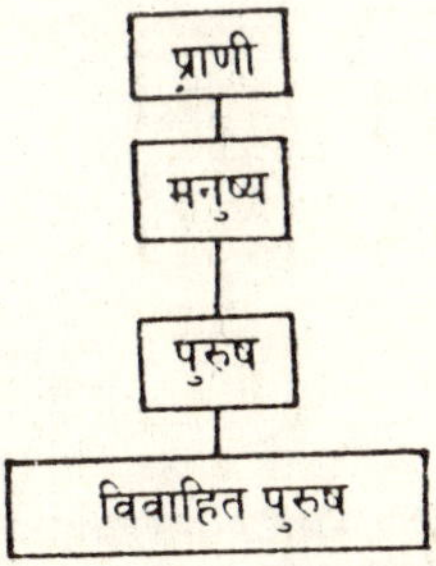

मनुष्यों से पुरुषों की संख्या कम होगी, किंतु पुरुषों में मनुष्यता के अतिरिक्त एक गुण पुरुषत्व का बढ़ जाएगा। इसी प्रकार पुरुषों की संख्या विवाहित पुरुषों से अधिक होगी

किंतु गुणों में कम होगी। इस प्रकार हम देखते हैं कि प्रत्येक सोपान पर वाच्यार्थ घटता है, गुणार्थ बढ़ता है।

एक सज्जन कहीं पर व्याख्यान दे रहे थे। विषय था "बुद्धि और समाज।" वक्ता बोले, "यदि कोई व्यक्ति समझ जाए कि उससे गलती हुई है और स्पष्ट रूप से स्वीकार कर ले, तो उसे हम "बुद्धिमान व्यक्ति" कहेंगे। किंतु यदि कोई व्यक्ति समझे कि उसने कोई गलती नहीं की है, फिर भी मान लें कि उससे गलती हो गई है, तो उसे कहेंगे...।" श्रोताओं में से एक ने जोर से कहा, "विवाहित व्यक्ति।"

3.3. दोनों प्रकार के अर्थों में से कौन-सा प्राथमिक है ? यदि हम "आलमारी" पद पर विचार कर रहे हैं तो तुरत हमारा ध्यान अपने घर की आलमारियों पर जाएगा। घर में कई प्रकार की आलमारियां होंगी। कपड़े की आलमारी, भोजन रखने की आलमारी, पुस्तकों की आलमारी, बाजा रखने की आलमारी–स्पष्ट है कि हमारा ध्यान सर्वप्रथम आलमारियों पर ही जाएगा। "आलमारी" की परिभाषा पर नहीं जाएगा। प्रत्यक्ष है कि "आलमारी" का प्राथमिक अर्थ वाच्यार्थ होगा। आलमारी के गुणों पर तो बाद में ध्यान जाएगा।

परंतु यह भी स्पष्ट है कि आलमारियों में कुछ गुण ऐसे होंगे जिनके कारण उन्हें "आलमारी" नाम दिया जा रहा है। अतः तार्किक दृष्टि से आलमारी का गुणार्थ अधिक महत्वपूर्ण है।

इन तथ्यों से यह निष्कर्ष निकला कि तार्किक दृष्टि से पदों का गुणार्थ प्राथमिक है, किंतु मनोवैज्ञानिक दृष्टि से उनका वाच्यार्थ अधिक महत्वपूर्ण है।

4. वाच्यधर्म

4. 1. किसी तर्कवाक्य में दो मुख्य पद होते हैं–उद्‌देश्य और विधेय। इन दोनों पदों में किस-किस प्रकार के संबंध हो सकते हैं। इन संबंधों का विवेचन ही इस अध्याय का विषय है।

किसी वाक्य के उद्‌देश्य और विधेय में दो प्रकार का संबंध हो सकता है : सममित (Symmetrical) और असममित (Asymmetrical)। मान लीजिए राम, मोहन का भाई है। तो मोहन भी राम का भाई कहलाएगा। अतः हम इस कथन, "राम, मोहन का भाई है" को उलट सकते हैं, मोहन, राम का भाई है। स्पष्ट है कि उक्त वाक्य विपर्ययशील है। इसी प्रकार यह वाक्य भी : क, ख का मित्र है।

इसके विपरीत कुछ वाक्य विपर्ययशील नहीं होते। यदि कृष्ण माधव का पिता है, तो हम यह नही कह सकते कि "माधव कृष्ण का पिता है।" यह कहना होगा कि माधव, कृष्ण का पुत्र है। इसी प्रकार "क, ख से मजबूत है," विपर्ययशील नहीं है।

स्पष्ट है कि जो संबंध सममित होते हैं, वही विपर्ययशील होते हैं।

उपरिलिखित तर्क वाक्यों में उद्‌देश्य और विधेय दोनों व्यक्तिवाचक संज्ञाएं (Proper Noun) हैं जिन्हें विशेष पद (Singular Terms) कहते हैं। वाच्य कर्मों के विवेचन में ऐसे पदों के लिए कोई स्थान नहीं होता। अतः अब हम जाति वाचक संज्ञाओं (Common Nouns) पर विचार करते हैं जो सार्विक पद (General Terms) होते हैं।

4.2. पॉरपिदी ने उद्‌देश्य और विधेय में पांच प्रकार के संबंध निर्धारित किए हैं। विधेय उद्‌देश्य की (1) जाति (Genus), (2) उपजाति (Specious), (3) विभेदक (Differentia), (4) गुणधर्म (Property) अथवा (5) आकस्मिक गुण (Accident) हो सकता है।

यदि दो वर्गों में ऐसा संबंध हो कि एक दूसरे में समाया हुआ हो तो हम कहते हैं कि बड़ा वर्ग छोटे की जाति है। "कुत्ता एक पशु है।" पशु तो बहुत प्रकार के होते हैं, जैसे : बिल्ली, गधा आदि, उनमें से एक वर्ग कुत्तों का है। स्पष्ट है कि पशुओं में सारे कुत्तों का समावेश हो जाता है। प्रत्येक कुत्ता पशु होता है किंतु प्रत्येक पशु कुत्ता नहीं होता। पशु को कुत्ते की जाति और कुत्ते को पशु की उपजाति कहेंगे।

एक ही पद किसी पद के संबंध में जाति हो सकता है, किसी दूसरे पद के संबंध में उपजाति। इस श्रृंखला पर विचार कीजिए :

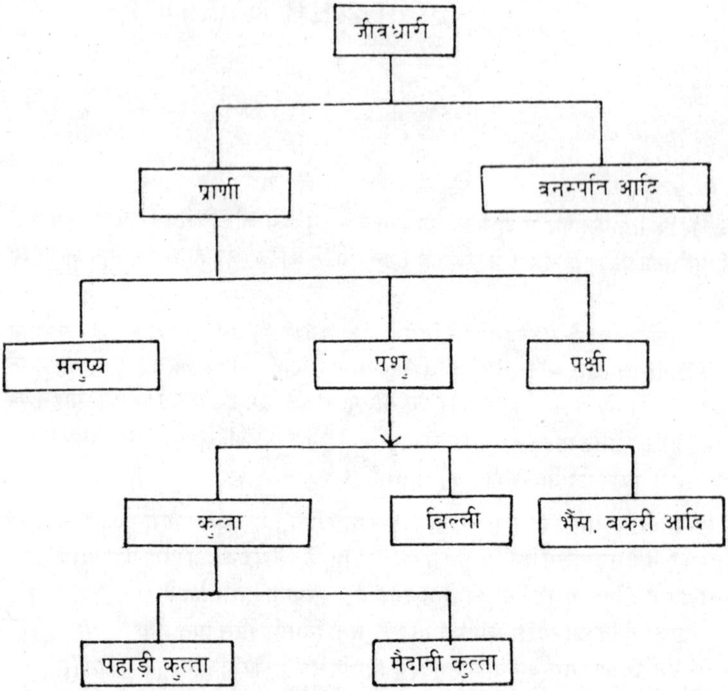

इस सारणी में पशु प्राणी की उपजाति है, और कुत्ते की जाति। जो उपजातियां एक ही जाति के अंतर्गत आती हैं, समकक्ष उपजातियां (Coognate Species) कहलाती हैं। उपरिलिखित सारणी में कुत्ता, बिल्ली, समकक्ष उपजातियां हैं।

उन समस्त जातियों को समकक्ष जातियां कहते हैं जिनके अंतर्गत कोई पद आता है, जैसे बिल्ली के सापेक्ष पशु, प्राणी और जीवधारी सब समकक्ष जातियां हैं। किसी उपजाति के सबसे निकट पड़नेवाली जाति को उसकी आसन्न जाति कहते हैं। प्राणी पशु की आसन्न जाति है, और पशु बिल्ली की।

किसी सारणी की सबसे ऊपर की जाति को उच्चतम जाति (Summum Genus) कहते हैं और सबसे नीचे की उपजातियों को निम्नतम उपजातियां (Infimaspecies)। ऊपर की सारणी में जीवधारी उच्चतम जाति है और पहाड़ी कुत्ता, मैदानी कुत्ता निम्नतम उपजातियां। स्पष्ट है कि उच्चतम जाति के ऊपर कोई जाति नहीं होती और निम्नतम उपजाति के नीचे कोई उपजाति नहीं होती। इस सारणी पर विचार कीजिए:

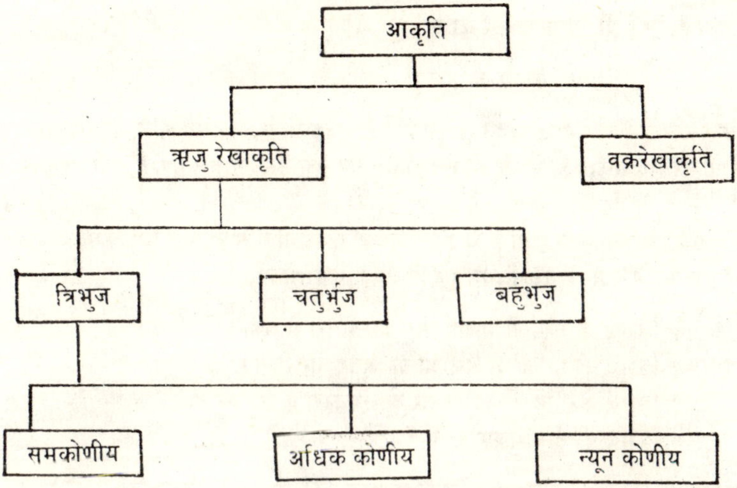

जैसाकि हम पिछले अध्याय में कह चुके हैं, इस सारणी के प्रत्येक पद पर वाच्यार्थ घट जाता है, गुणार्थ बढ़ जाता है । वाच्यार्थ के विचार से सारे त्रिभुज ऋजुरेखाकृतियों में समाए हुए हैं किंतु गुणार्थ के विचार से त्रिभुज में ऋजुरेखाकृति समाई हुई है क्योंकि त्रिभुज का गुणार्थ = ऋजुरेखात्मकता + त्रिभुजीयता । हम इस बात को इस रूप में कह सकते हैं : "वाच्यार्थ के विचार से उपजाति, जाति में समाविष्ट होती है । गुणार्थ के विचार से जाति उपजाति में समाविष्ट होती है ।"

4.3. विभेदक किसी उपजाति का वह गुण होता है जो उसकी जाति की किसी और उपजाति में नहीं पाया जाता । या यों कहिए कि विभेदक वह गुण है जो किसी उपजाति का, उसकी समकक्ष उपजातियों से विभेद करता है ।

हम जानते हैं कि मनुष्य एक तर्कशील प्राणी है । तर्कशीलता का गुण प्राणी वर्ग की किसी अन्य उपजाति में नहीं पाया जाता । अतः तर्कशीलता मनुष्य वर्ग का विभेदक है । स्पष्ट है कि विभेदक = जाति–उपजाति । इसको यों भी कह सकते हैं कि जाति = उपजाति विभेदक । एक उदाहरण लें :

> पत्नी, "क्यों जी, लक्ष्मी सयानी हो गई है । उसके लिए कोई लड़का नहीं खोजते ।"
> पति, "लड़के तो मेरी निगाह में कई हैं, वे पैसेवाले तो हैं, किंतु बुद्धिमान नहीं हैं ।"
> पत्नी, "यदि मेरे पिता जी ने भी इतनी ही छानबीन की होती तो मैं तो जीवन भर कुंवारी ही रह जाती ।"

4.4. गुणधर्म किसी उपजाति का ऐसा गुण होता है जो उसके गुणार्थ से सहज रूप में निकल आता है, फिर भी उसके गुणार्थ का सारभूत अंग नहीं होता ।

मनुष्य का गुणार्थ = प्राणित्व तर्कशीलता

किंतु मनुष्य में और भी तो बहुत से गुण होते हैं । वह खाना पका सकता है, पढ़ सकता है, सीढ़ी पर चढ़ सकता है, कपड़ा सी सकता है । यह सब उसके सहज गुण हैं, अत: गुणधर्म हैं ।

एक प्रश्न यह पैदा होता है कि किसी पद के गुणधर्मों में से किसको हम विभेदक मानें और किस-किस को गुणधर्म । त्रिभुज में अनेक गुणधर्म होते हैं :

1. त्रिभुज की कोई दो भुजाएं मिलकर तीसरी से बड़ी होती है ।
2. त्रिभुज की किन्हीं दो भुजाओं का अंतर तीसरी से छोटा होता है ।
3. त्रिभुज के तीनों कोण मिलकर दो समकोण के बराबर होते हैं ।
4. त्रिभुज की तीन भुजाएं होती हैं ।

सामान्यत: हम सबसे सरल और प्रत्यक्ष गुणधर्म को विभेदक मानकर चलते हैं, जैसे इन गुणों में से नंबर 4. किंतु हम चाहें तो किसी अन्य गुणधर्म को त्रिभुज की परिभाषा मानकर त्रिभुज के शेष गुण निकाल सकते हैं । और जब कोई गुण परिभाषा के रूप में चल पड़ता है, तब उसे बदलना कठिन होता है । यदि त्रिभुज को त्रिकोण कहते तब भी उक्त नाम से ही त्रिभुज के सारे गुण प्राप्त कर लेते । अत: विभेदक और गुणधर्म में कोई मौलिक अंतर नहीं होता ।

4.5. गुणधर्म दो प्रकार के होते हैं : ज़ातीय (Generic) और उपजातीय (Specific) । जो गुणधर्म किसी पद की जाति से निकलते हैं, जातीय गुणधर्म कहलाते हैं । जो गुणधर्म उपजाति से निकलते हैं, उपजातीय गुणधर्म कहलाते हैं । जैसे, मनुष्य तर्कशील प्राणी है । प्राणी उसकी जाति है । मनुष्य में प्रजनन शक्ति है, दौड़ने की शक्ति है, खाना पकाने की विद्या है । ये सारे गुण उसके प्राणित्व से निकले हैं, अत: जातीय गुणधर्म हैं ।

मनुष्य मनन कर सकता है, वकालत कर सकता है, कार्य-कारण का संबंध समझ सकता है । ये सब उसके उपजातीय गुणधर्म हैं क्योंकि इनका संबंध उसकी तर्कशीलता से है । हम यहां एक प्रसिद्ध सारिणी देते हैं जिसे "पोर्फरी वृक्ष" कहते हैं ।

4.6. आकस्मिक गुण अथवा संयोग (Accidents) के बारे में अब कुछ सोचें । प्रत्येक पद में कुछ गुण ऐसे होते हैं जो न तो उसके गुणार्थ के अंग होते हैं, न उससे निकलते हैं । ये ऐसे संयोग होते हैं जिनके होने या न होने से पद के सारभूत गुणों में कोई अंतर नहीं पड़ता । ये भी दो प्रकार के होते हैं : (1) वियोज्य (Separable) और (2) अवियोज्य (Inseparable) ।

(क) व्यक्ति के अवियोज्य आकस्मिक गुण, जैसे उसकी जन्मतिथि, जन्मस्थान. उसके

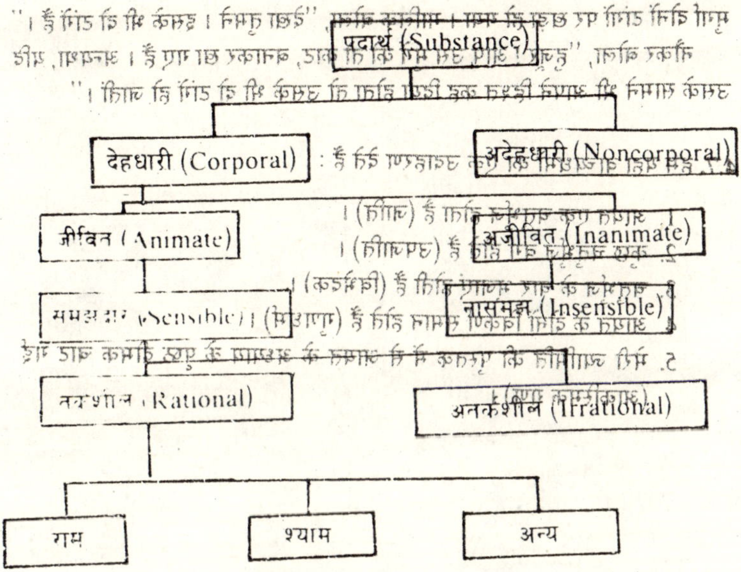

माता-पिता। ये बदले नही जा सकते। ये वास्तव मे गुण नहीं, संयोग होते हैं।

(ख) व्यक्ति के वियोज्य आकस्मिक गुण, जैसे उसका नाम, पहनावा, धर्म आदि।

(ग) किसी वर्ग के अवियोज्य आकस्मिक गुण वे होते हैं जो वर्ग के सारे सदस्यों में पाए जाते है, जैसे सारे कौए काले होते हैं। प्रत्येक व्यक्ति के एक नाक और दो कान होने हैं।

(घ) वर्ग के वियोज्य आकस्मिक गुण, जो वर्ग के कुछ ही सदस्यों में पाए जाते हैं, जैसे ऐनकधारी मनुष्य, कुछ लोगों का हकलाना, कुछ व्यक्तियों का लंगड़ापन।

किसी व्यक्ति ने अपने नौकर से कहा, "आज मुर्गा खाने को मन कर रहा है। एक मुर्गा मोल ले आ।" नौकर न जाने कहां से एक लंगड़ा मुर्गा मोल ले आया। कुछ सस्ते में ले लिया किंतु मालिक से दाम पूरे लिए।

मालिक ने पूछा, "इस मुर्गे की दूसरी टांग कहां है?"

नौकर ने कहा, "मुर्गा ऐसी जाति का था जिसके एक ही टांग होती है।"

मालिक, "अब, कहीं एक टांग का मुर्गा भी हुआ करता है?"

नौकर, "हुजूर, एक टांग का मुर्गा भी होता है।"

मालिक, "क्या तू मुझे कहीं ऐसा मुर्गा दिखा सकता है?"

नौकर, "जी हुजूर।"

अगले दिन नौकर मालिक को लेकर चला। संयोग से ऐसी जगह पहुचा, जहा एक मुर्गा खिलवाड़ में एक टांग पर खड़ा था।

नौकर ने कहा, "देखिए हुजूर, यह रहा एक टांग का मुर्गा।"

मालिक मुर्गे के पास आया और कहा, "हिश्त।"

मुर्गा दोनों टांगों पर खड़ा हो गया। मालिक बोला, ''देखा तुमने। इसके भी दो टांगें हैं।''

नौकर बोला, ''हुजूर! आप उस मुर्गे को तो काट, बनाकर खा गए हैं। अन्यथा, यदि उसके सामने भी आपने हिश्त कह दिया होता तो उसके भी दो टांगें हो जातीं।''

4.7. हम यहां वाच्यधर्मों का एक उदाहरण देते हैं :

1. आयत एक चतुर्भुज होता है (जाति)।
2. कुछ चतुर्भुज वर्ग होते हैं (उपजाति)।
3. चतुर्भुज के चार भुजाएं होती हैं (विभेदक)।
4. आयत के दोनों विकर्ण समान होते हैं (गुणधर्म)।
5. मेरी ज्यामिति की पुस्तक में से आयत के अध्याय के पृष्ठ दीमक चाट गई (आकस्मिक गुण)।

5. "परिभाषा" की परिभाषा

5.1. मान लीजिए कोई बच्चा हमसे पूछता है, "ऊंट किसे कहते हैं ?" यदि हमारे घर के आसपास कोई ऊंट हो तो हम बच्चे को ऊंट दिखा देते हैं। उसकी जिज्ञासा शांत हो जाती है। परंतु यदि आसपास कोई ऊंट न हो तो हम यह कर सकते हैं कि बच्चे को ऊंट का कोई चित्र दिखा दें और कह दें कि ऊंट इस प्रकार का पशु होता है। इसको हम सोदाहरण परिभाषा (Definition by Type) कहते हैं। सच पूछिए तो यह कोई परिभाषा है ही नहीं। यह तो केवल एक उदाहरण है।

परंतु यदि पास में न तो कोई ऊंट है न उसका चित्र तो हम क्या करेंगे ? ऊंट का वर्णन करके बच्चे को सुनाएंगे, "वह एक ऊंचा पशु होता है जिसकी लंबी गर्दन होती है। सामान्यतः भूरा रंग होता है। पांव के पंजे खूब चौड़े और मुलायम होते हैं जिसके कारण वह बालू में भी आसानी से चल पाता है। यदि घोड़े को रेगिस्तान में चलाना चाहें तो उसको कठिनाई होगी क्योंकि उसके टाप रेत में धंस जाएंगे, और उन्हें उठाने के लिए घोड़े को प्रयास करना पड़ेगा। किंतु ऊंट को कोई विशेष प्रयास नहीं करना पड़ता। इसीलिए ऊंट को "रेगिस्तान का जहाज़" कहते हैं।"

कुछ दशाब्दियों से शिक्षा की एक नई पद्धति चली है। प्रत्यक्ष विधि (Direct Method) जिसमें प्रयत्न तो यह करते हैं कि छात्रों को कोई वस्तु दिखा दें, और उनसे ही उसका नाम पूछें। छोटी-मोटी वस्तुएँ जैसे रूमाल, पुस्तक अथवा छोटे-मोटे प्राणी जैसे चूहे, चींटी—तो कक्षा में दिखा सकते हैं किंतु ऊंट तथा हाथी तो कक्षा में नहीं लाए जा सकते। तब उक्त जानवरों की बोली की नकल करके बताते हैं, अथवा उनका चित्र दिखाते हैं। कभी-कभी यह भी संभव नहीं होता। बहुत से भारतवासियों ने कभी गेंडा देखा ही न होगा। बहुतों ने चित्र भले ही देखे हों, अतएव, उक्त विधि की भी अपनी सीमाएं हैं।

भाषाशास्त्रियों के अनुसार संसार की सबसे प्राचीन लिपि कदाचित् चित्र लिपि ही थी। सूरज के निरूपण के लिए सूरज का चित्र बना देते थे। भिन्न-भिन्न जानवरों के नाम याद कराने के लिए उनके चित्र बना देते थे। स्पष्ट है कि उक्त लिपि का प्रयोग बहुत ही सीमित रहा होगा।

एक नेता जी भाषण देकर उतर रहे थे कि दर्जनों लड़कियों ने उन्हें स्वाक्षर (ऑटोग्राफ) देने के लिए घेर लिया। प्रत्येक की कापी पर कुछ-न-कुछ लिखना पड़ता था। जब तंग आ गए तो एक लड़की की कापी पर कुछ लिखने के बदले एक गधे की शक्ल बना दी। लड़की भी कोई कम न थी। बोली, "श्रीमान जी, मैंने आपका ऑटोग्राफ मांगा था, फोटोग्राफ नहीं।"

5.2. मान लीजिए कोई पूछता है, "ग्रहण किसे कहते हैं ?" संभव है कोई यह उत्तर दे : "दो प्रकार के ग्रहण होते हैं—सूर्य ग्रहण और चंद्र ग्रहण"। यह ग्रहण की परिभाषा नहीं हुई वरन् गुणनात्मक वर्णन हुआ। इसी प्रकार यदि कोई पूछे कि "महीना" किसे कहते हैं, और हम बारहों महीने गिना दें : "जनवरी, फरवरी…नवंबर, दिसंबर।" तो यह भी गणनात्मक वर्णन ही हुआ। इससे महीने की परिभाषा का पता नहीं चलता, केवल बारहों महीनों के नाम मालूम हो जाते हैं।

परिभाषा के प्रकार

5.3. प्रचलित अर्थात् कोशीय परिभाषा : साधारणतः लोग किसी स्थूल अथवा कामचलाऊ परिभाषा से अपना काम निकाल लेते हैं। मकान की परिभाषा कोशों में दी हुई है "रहने की जगह"। सामान्यतः इस परिभाषा से काम चल जाएगा। किंतु मान लीजिए कोई व्यक्ति दक्षिण भारत के किसी छोटे-से क़स्बे में रहता है। वह ज़मीन पर चार बाँस खड़े करके उन पर छप्पर छा लेता है और उसे चारों ओर से खुला रखता है। दक्षिण भारत में ठंड अधिक नहीं पड़ती। अतः इस प्रकार के "गृह" से उसका काम चल जाता है। किंतु क्या हम उक्त स्थान को "मकान" कह सकते हैं ? हमारे मन में "मकान" के विषय में यह धारणा है कि उसमें दीवारें होनी चाहिए और उसका कुछ भाग चारों ओर से घिरा होना चाहिए। अतः सूक्ष्मता से विचार करने पर हम देखेंगे कि उक्त स्थान को "मकान" नहीं कह सकते, और कोशों में तो वही परिभाषा दी जाती है जो प्रचलित होती है। अतः मकान की यही कोशीय परिभाषा है।

5.4. स्वनिर्मित परिभाषा : प्रायः सभी विषयों में हम आरंभ में कुछ पदों की परिभाषा मानकर चलते हैं। यदि ऐसा न हो तो कोई तर्क चल ही नहीं सकता। आयकर अधिनियम में सबसे पहले "वर्ष" की परिभाषा दी जाती है। "वर्ष" का अर्थ वित्तीय वर्ष, अर्थात् 1 अप्रैल से 31 मार्च तक की अवधि।

कुछ पुस्तकों में लिखा होता है कि "हम वयस्क उसी को कहेंगे जो पूरे 21 वर्ष का हो चुका हो।" विधि शास्त्र में सैकड़ों शब्दों की परिभाषा देनी होती है। बहुत से मुकद्दमों की हार-जीत शब्दों की परिभाषा पर ही निर्भर होती है। कभी-कभी वकीलों की बहस इसी बात पर चलती है कि अमुक शब्द का पारिभाषिक अर्थ क्या है।

किसी के बोलने का ढंग निराला होता है, किसी की चाल अनोखी होती है, किसी के पग की आहट विचित्र होती है। कुछ लोग अपनी विशेषताओं से पहचान लिए जाते हैं। एक प्रेयसी अपने प्रेमी से कहती है, "तुम्हें अपने आगमन की सूचना देने की कोई आवश्यकता नहीं है। मैं दूर से ही अनुमान लगा लूँगी कि तुम आ रहे हो :

मैं क़दमों की आहट से ही जान लूँगी।
हवाओं की ख़ुशबू से पहचान लूँगी।।

त्रिभुज एक आकृति है जो तीन सरल रेखाओं से घिरी हो। अतः त्रिभुज के गुणार्थ में निम्नलिखित गुण समाविष्ट हैं :

5.5. जननिक परिभाषा : ऐसी परिभाषा साधारणतः ज्यामितीय आकृतियों की व्याख्या में काम आती है। इनमें आकृतियों की सृजन विधि दी जाती है।

वृत्त (Circle) : यदि कोई चल बिंदु च किसी स्थिर बिंदु क से किसी निश्चित दूरी पर घूमता है, तो इस प्रकार जिस वक्र रेखा का निर्माण करता है, उसे वृत्त कहते हैं। क वृत्त का केंद्र (Centre) कहलाता है और निश्चित दूरी वृत्त की त्रिज्या (Radius)।

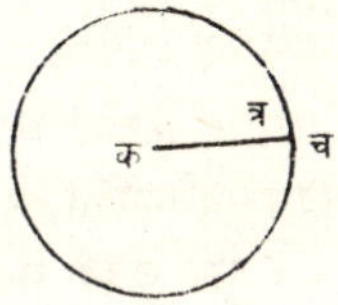

बेलन (Cylinder) : यदि कोई आयत क ख ग घ अपनी एक भुजा क ख के चारों ओर घूमें तो एक ठोस (Solid) बनाएगा जिसे बेलन कहते हैं। भुजा क ख को बेलन का अक्ष (Axis) कहते हैं और आयत की दूसरी भुजा ख ग को उसके आधार (Base) की त्रिज्या।

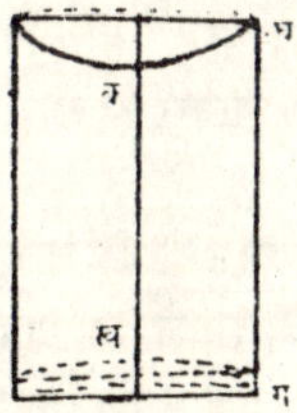

5.6. तार्किक परिभाषा : परिभाषा का उद्देश्य होता है, किसी पद का अर्थ स्पष्ट करना। अतः परिभाषा सदैव पद की होती है, किसी विशिष्ट वस्तु अथवा व्यक्ति की नहीं होती। रूपचंद्र किसी व्यक्ति का नाम है। हम उसका वर्णन कर सकते हैं, उसको परिभाषित नहीं कर सकते। जैसे, सांवला रंग, 163 सें.मी. लंबाई, स्थूल शरीर, घने बाल, गोल सिर आदि।

यह वर्णन हुआ, परिभाषा नहीं हुई। इसी प्रकार हम अपने कमरे की मेज अथवा आलमारी का वर्णन कर सकते हैं। दाहिनी ओर की दीवार का वर्णन कर सकते हैं, रामदास के भतीजे का वर्णन कर सकते हैं, किंतु इनमें से किसी की भी परिभाषा नहीं कर सकते। परिभाषा सदैव किसी सार्विक पद अथवा जातिवाचक सज्ञा की होगी, जैसे, मेज, कुर्सी, दीवार, पुस्तक, मनुष्य, भेड़िया, पागल, भारतवासी।

तार्किक परिभाषा में पद के पूरे गुणार्थ का समावेश होता है। उसके लिए आवश्यक है कि पद का पूरा गुणार्थ दिया जाए। अतः तार्किक परिभाषा = जाति = विभेदक।

मनुष्य की परिभाषा है; मनुष्य एक तर्कशील प्राणी है। इस परिभाषा में मनुष्य की जाति है प्राणित्व और विभेदक है तर्कशीलता। यदि हम कहें कि "मनुष्य" एक प्राणी है तो यह कथन ग़लत नहीं है। किंतु प्राणी तो अनगिनत प्रकार के होते हैं : गाय, भैंस, मुर्गा, बकरी आदि सभी प्राणी हैं। इनमें से किसको मनुष्य कहेंगे ? उसको जिसमें तर्कशीलता है। अब मनुष्य की पहचान पूरी हो गई।

ऋजु रेखाओं से घिरी हों। यही त्रिभुज का विभेदक चिह्न है। याद रहे कि हमने एक जाति में से उपजाति छांटी है, किसी जाति में से कोई व्यक्ति नहीं छाटा है। एक बड़े वर्ग में से छोटा वर्ग ही छांटा है। व्यक्तियों की परिभाषा नहीं हुआ करती।

यों व्यक्तियों के भी विभेदक हुआ करते हैं। किसी की घ्राण शक्ति इतनी तेज़ होती है कि दूर से कह देते हैं कि अमुक व्यक्ति बीड़ी पीकर आ रहा है।

5.7. कुछ लोगों की स्मरण शक्ति बहुत तेज़ होती है। ऐसे ही एक सज्जन थे सिद्धनाथ। एक दिन एक व्यक्ति श्री रामप्रसाद को पता चला कि सिद्धनाथ की स्मरण शक्ति बहुत तीव्र है। तुरंत उनके पास पहुंच गए और कहा, "पिछले महीने की 11 तारीख को आपके मित्र प्रताप ने आपको निमंत्रण दिया था। क्या आप बता सकते हैं कि उन्होंने आपको क्या खिलाया था?" बात पिछले महीने की थी, फिर भी सिद्धनाथ ने गिना दिया, "पूरी, कचौरी, चावल की खीर, पापड़।" रामप्रसाद ने पहले ही पता लगा लिया था। सूची ठीक थी।

लगभग दो वर्ष बाद रामप्रसाद को सिद्धनाथ दिखाई पड़े। सोचा, "मेरे जैसे नगण्य प्राणी की इनको क्या याद आती होगी?" सामने पहुँचकर नमस्कार किया। यह जानने के लिए उत्सुक थे कि सिद्धनाथ इन्हें पहचानते भी हैं या नहीं। सिद्धनाथ ने तुरंत कहा, "रामप्रसाद जी! पिछली बार जो आपने मुझसे प्रश्न किया था, उसमें मैं "चटनी" का नाम और लेनेवाला था, किंतु आपने बीच में ही बात काट दी थी।"

5.8 एक पादरी महोदय पति पत्नी के पारस्परिक व्यवहार पर व्याख्यान देते हुए बोले, "आप में से जितने लोग बिलकुल पत्नी के कहे पर चलते हों, इस कमरे में आ जाएं। शेष सामनेवाले कमरे में चले जाएं।" सभा में 46 श्रोता थे। उनमें से 45 उठकर पहले कमरे में चले गए। केवल एक व्यक्ति दूसरे कमरे में गया।

पादरी जी उस एकाकी व्यक्ति के पास जाकर बोले, "यह जानकर बड़ी प्रसन्नता हुई कि कम-से-कम एक व्यक्ति तो ऐसा है जो जोरू का गुलाम नहीं है।" वह व्यक्ति बोला, "मेरी पत्नी ने मुझसे कह रखा है कि "भीड़ में कभी मत खड़े होना।"

किंतु व्यक्तियों के विभेदक चिह्नों पर तर्कशास्त्र में विचार नहीं किया जाता। हमारा ध्यान तो वर्गों और जातियों के विभेदकों पर ही केंद्रित रहता है। प्रत्येक व्यक्ति के स्पर्श में एक विशेष प्रकार की गंध रहती है जिसे कुत्ते पहचान लेते हैं। पुलिस विभाग में जासूसी कुत्ते रखे जाते हैं। कोई भी वस्तु जो किसी चोर के संसर्ग में आई हो, चाहे थोड़ी ही देर के लिए, उसे सूंघकर उक्त कुत्ते उस मार्ग पर चल देते हैं जिस पर चोर गया हो। यदि चोर का जूता अथवा कपड़ा मिल जाए तब तो कुत्ते का काम सरल हो जाता है। किंतु कभी-कभी तो कोई छड़ी, चाकू या डोरी भी मिल जाए जिसे चोर ने छू भर दिया हो, तो उससे भी कुत्ते चोर का पता-ठिकाना खोज लेते हैं।

कौओं को एक प्रकार का दिशा ज्ञान होता है। किसी कौए के सामने रोटी का टुकड़ा

ऊंचे उछालकर हवा में फेंकिए। कौआ उड़कर हवा में ही उसे पकड़ लेगा। यह बात सैकड़ों बार की आज़माई हुई है। चाहे किसी भी दिशा में फेंकिए और कितने ही वेग से। कौआ कभी नहीं चूकेगा।

कबूतरों का दिशा ज्ञान तो प्रसिद्ध है। प्राचीन समय में कबूतरों के द्वारा पत्र भेजे जाते थे। वे सदैव गंतव्य स्थान पर पहुँच जाते थे। इसके अतिरिक्त कबूतरों को घर से बहुत दूर ले जाकर छोड़ दिया जाता था। वे तुरंत घर की दिशा में उड़ जाते थे और बिना रुके घर पहुंच जाते थे। बहुत दिनों तक लोग यह समझते रहे कि मार्ग की कुछ वस्तुओं को कबूतर पहचान लेते थे और उनको देखकर लौट आते थे। किंतु ऐसे प्रयोग किए गए हैं कि कबूतर की आँखों पर पट्टी बांधकर घर से बहुत दूरी पर छोड़ा गया है किंतु ज्यों ही उन्हें छोड़ा गया है, वे बिना एक सैकिंड भी रुके एक निश्चित दिशा में उड़ते चले जाते हैं और बिलकुल सीधे अपने घर पहुंच जाते हैं। स्पष्ट है कि कबूतरों की सहजवृत्ति उन्हें उचित दिशा में उड़ने के लिए प्रवृत्त करती है। इसे कबूतर का गुणधर्म कह सकते हैं और इसी को कबूतर का विभेदक भी मान सकते हैं।

5.9. तार्किक परिभाषा के नियम : (1) परिभाषा में पद के पूरे गुणार्थ का समावेश होना चाहिए। मान लीजिए हम मनुष्य की परिभाषा दें कि "मनुष्य एक प्राणी है"। तो हमने केवल मनुष्य की जाति दी है, उसका विभेदक नहीं दिया है। प्राणी तो मनुष्य के अतिरिक्त और भी बहुत से होते हैं, जैसे, बत्तख, हाथी, चींटी। अतः इस परिभाषा में अतिव्याप्ति दोष हैं। इसी प्रकार की परिभाषाएं ये हैं :

चतुर्भुज एक आकृति है।
अस्पताल एक संस्था है।
हिरन एक पशु है।

(2) परिभाषा में गुणार्थ के अतिरिक्त कोई ऐसा गुण भी न हो जो सारभूत न हो। उक्त प्रकार की परिभाषा अव्याप्त कहलाएगी। मान लीजिए हम मनुष्य की परिभाषा देते हैं : "एक तर्कशील शिक्षित प्राणी।" तो इसमें अव्याप्ति दोष होगा, क्योंकि सभी मनुष्य पढ़े-लिखे तो नहीं होते। इसी ढंग की परिभाषाएं हैं :

(क) चतुर्भुज एक आकृति है जिसकी चार भुजाएं हों जो आपस में बराबर हों।
(ख) मनुष्य एक तर्कशील प्राणी है जो खाना पकाना जानता है।

(3) यदि परिभाषा में कोई ऐसा गुण जोड़ दिया जाए जो विभेदक न हो किंतु सहज गुण अथवा अवियोज्य आकस्मिक गुण हो तो परिभाषा व्यर्थ (Redundant) कहलाएगी। जैसे समबाहु त्रिभुज की परिभाषा; ऐसा त्रिभुज जिसकी तीनों भुजाएं और तीनों कोण बराबर हों। तीनों भुजाओं की समानता समबाहु त्रिभुज का विभेदक है, तीनों कोणों की समानता उसका गुणधर्म है। इसी ढंग की परिभाषा है, "मनुष्य एक तर्कशील प्राणी है जिसके दो आँखें होती हैं।"

(4) यदि किसी परिभाषा में गुणार्थ के अतिरिक्त कोई आकस्मिक गुण जोड़ दिया गया हो, तो उसे आकस्मिक परिभाषा (Accident Definition) कहते हैं, जैसे, मनुष्य एक तर्कशील प्राणी है जो ऐनक लगाता हो अथवा डबलरोटी खाता हो।

कभी-कभी जीवन में भी हम लोग तार्किक परिभाषा से मिलती-जुलती भाषा का प्रयोग करते हैं। मान लीजिए हम किसी को एक मकान का पता दे रहे हैं : (अ) दाहिने हाथ की आठवीं गली में घुसो। मकानों की बाईं पंक्ति में 14वां मकान। यहां गली की संख्या जाति का काम दे रही है और मकान की संख्या विभेदक का। अथवा (ब) दाहिने हाथ की उस गली में घुसो जिसके नुक्कड़ पर सरकारी लालटेन हो फिर उस मकान पर जाओ जिसके ऊपरी खंड पर हरे सीखचे हों।

किंतु अब एक दूसरे प्रकार का उदाहरण लीजिए : (स) उस गली में घुसो जिसके नुक्कड़ पर बीचोबीच एक गधा खड़ा हो, निश्चेष्ट किंतु जीवित। गली में घुसकर उस मकान पर पहुंचो जिसकी मुंडेर पर कबूतर बैठा हो।

(द) एक स्त्री अपने पुत्र के लिए मिठाई भेजना चाहती थी जो स्कूल में पढ़ता था। उसने रास्ता चलते किसी व्यक्ति से कहा, ''यह मिठाई मेरे पुत्र को दे देना जो अमुक स्कूल में पढ़ता है।'' उक्त व्यक्ति ने कहा, ''मैं कैसे पहचानूंगा तुम्हारे लड़के को ?'' बहुत सोचकर उसने कहा, ''मेरा लड़का बहुत सुंदर है। तुम्हें स्कूल में जो लड़का सबसे सुंदर दिखाई दे, उसे दे देना।'' उक्त व्यक्ति का लड़का भी उसी स्कूल में पढ़ता था। उसने उसी को मिठाई दे दी।

(य) पत्नी, ''यह तो तुम मानोगे कि बातूनी स्त्रियां बहुत लोकप्रिय होती हैं।'' पति, ''स्त्रियां और किस-किस प्रकार की होती हैं ?''

(5) परिभाषा में परिभाषित पद, प्रत्यक्ष अथवा परोक्ष, किसी भी रूप में नहीं आना चाहिए। जिस परिभाषा में परिभाषित पद का प्रयोग होता है, उसे चक्रिय (Circular) अथवा शाब्दिक (Nominal) परिभाषा कहते हैं, जैसे : (i) मनुष्य तो मानव मात्र को कहते हैं, (ii) सूर्य का नाम है दिनकर, (iii) पाजी उसे कहते हैं जो दुष्ट हो।

इसी वर्ग के अंतर्गत इस प्रकार की दुहरी परिभाषाएं आती हैं : (क) कार्य वह है जो कारण से उत्पन्न हो, कारण वह है जिसमें कार्य की उत्पत्ति हो। (ख) दिन के पीछे रात आती है, रात के पीछे दिन आता है। (ग) आकाश और पाताल का अंतर किसे कहते हैं ? ज़मीन आसमान के फ़र्क को।

कुछ व्यक्ति एक मोटरकार में जा रहे थे। घना कोहरा छाया हुआ था। रास्ते में कोई भी दिखाई दे जाता था तो पूछते थे कि ''हम कहां हैं ?'' अर्थात् हम किस स्थान पर पहुंच गए हैं ? कई स्थानों पर पूछने पर भी ठीक पता नहीं चला कि गंतव्य स्थान से कितनी दूर हैं। एक अन्य स्थान पर पहुंचने पर फिर एक व्यक्ति से पूछा कि ''हम कहां हैं ?'' उस व्यक्ति ने उत्तर दिया कि ''आप एक मोटरकार में हैं।''

(6) परिभाषा का उद्देश्य है पद के अर्थ की स्पष्टता। अतः उसमें कोई ऐसा शब्द नहीं होना चाहिए जो पद से भी अधिक दरूह हो, अन्यथा परिभाषा, दुर्बोध (Abscure)

कहलाएगी। इसे अज्ञात से अज्ञात भी कहते हैं। उदाहरण देखिए : (i) चुगली किसे कहते हैं? छिद्रान्वेषण को। (ii) वैद्यकशास्त्र अध्ययनजनित तो है ही, अनुभवसापेक्ष भी है। (iii) जब अंशुमाली अस्ताचलगामी हो गए।

एक अन्य उदाहरण लें, काफी रोचक है : एक गृहस्थी में घर के प्रतिदिन के खर्चे का हिसाब पति महोदय रखा करते थे। महीने पीछे जब पूरा हिसाब लगाते तो सदैव कुछ टोटा बैठता था अर्थात् कभी 50 रुपए की कमी दिखाई देती थी, कभी 100 रुपए की। पत्नी पूछती थी, ''यह कमी कहां से पूरी होगी?'' पति महोदय उत्तर देते थे, ''अगले महीने की आय से।''

अगले महीने फिर वही समस्या खड़ी हो जाती थी। फिर पत्नी पूछती थी, ''यह कमी कहाँ से पूरी होगी?'' पति का उत्तर होता ''पिछले महीने की बचत से।''

पत्नी इस ढंग की बातों से तंग आ चुकी थी। एक बार उसने कहा, ''तुम्हें हिसाब लिखना नहीं आता। अगले महीने से मैं हिसाब लिखूँगी।''

पति जानते थे कि श्रीमती जी का हिंदी का ज्ञान बस नाम मात्र का ही था। वे बोले, ''अवश्य लिखा करो किंतु ऐसी भाषा में, जिसे मैं सरलता से समझ सकूं।'' पत्नी बोली, ''बिलकुल सरल भाषा का प्रयोग करूंगी।''

पत्नी ने हिसाब लिखना आरंभ किया। एक दिन पति महोदय ने हिसाब की कापी के पन्ने उलटकर देखे। कुछ इस ढंग की प्रविष्टियां थीं—

2.05—तरकारी
11.04—दवाई
23.00—भहीजा

हर तीसरे-चौथे मद के आगे लिखा होता ''भहीजा''। पति महोदय ने सोचा कि ''इसका कोई भतीजा है जिसे पैसा देती है। और चूंकि हिंदी कम जानती है, इसलिए ''भतीजा'' के बदले ''भहीजा'' लिखा है।''

पत्नी से पूछा कि ''भहीजा का क्या अर्थ है?''

पत्नी बोली, ''भहीजा का अर्थ है भगवान ही जाने।''

(7)**आलंकारित परिभाषा** : ऐसी परिभाषाएं भी होती तो दुर्बोध ही हैं, किंतु इनकी दुरूहता शब्दों की क्लिष्टता के कारण नहीं होती, अलंकार के कारण होती है, जैसे :

1. पैसा हाथों का मैल है।
2. राजनीतिज्ञों का नृत्य तो नित्य का कृत्य है।
3. वह कोई आदमी है? बिलकुल ढपोरशंख है।
4. आवश्यकता आविष्कार की जननी है।
5. विवाह के बाद पत्नी, पहले वर्ष क्या होती है? चंद्रमुखी। दूसरे वर्ष सूर्यमुखी। तत्पश्चात? ज्वालामुखी।

(8) परिभाषा यथासाध्य नकारात्मक नहीं होनी चाहिए।

(क) यदि कोई "सुंदरता" की परिभाषा दे "बदसूरती का उलटा" तो यह नकारात्मक परिभाषा होगी। "सुंदरता" एक भावात्मक पद है। इसकी परिभाषा सकारात्मक ही होनी चाहिए।

(ख) प्रकाश क्या है ? अंधकार का अभाव। अंधकार क्या है ? प्रकाश का अभाव। इन दोनों परिभाषाओं से पता ही नहीं चल पाता कि प्रकाश क्या है, और अंधकार क्या है।

(ग) शांति युद्ध की उल्टी है किंतु कुछ पद स्वयं ही अभावात्मक होते हैं, जैसे, अंधा, लूला, बहरा। ऐसे पदों की परिभाषा तो नकारात्मक होगी ही। जैसे :

अंधा वह है जिसे दिखाई न दे।
बहरा वह है जिसे सुनाई न दे।

अंधे और लंगड़े पर एक छंद है:

किसी को राह दी, निगाह छीन ली।
किसी को दी निगाह, राह छीन ली।।

ऐसे पदों को अभावात्मक पद कहते हैं। उपरिलिखित उदाहरण (2) में प्रकाश की परिभाषा सकारात्मक होनी चाहिए। अंधकार की दी हुई परिभाषा ठीक है।

(घ) किसी निरीक्षक ने स्कूल के एक लड़के से पूछा, "ईश्वर कहां है ?"
लड़के ने उत्तर दिया, "कृपया बताएं कि ईश्वर कहां नहीं है ?"
यह उत्तर बिलकुल ठीक था।

(ङ) एक व्यक्ति ने अपने नए मकान का विज्ञापन बड़े ही आकर्षक रूप में दिया। मकान बिल्कुल निर्जन स्थान में बना हुआ था। कोई सज्जन देखने आए। मकान देखने के बाद बोले, "यह बताइए कि इस मकान में क्या विशेषता है जो आप इतना अधिक किराया मांग रहे हैं ?"

मालिक मकान बोला, "इस मकान की सबसे बड़ी विशेषता यह है कि इसके चारों ओर पांच-पांच किलोमीटर तक न कोई गहने की दुकान है, न साड़ी की।"

दो नकारात्मक पद मिलकर सकारात्मक पद का काम देते हैं। जैसे वह बहरा नहीं है। इसका अर्थ यह है कि उसे ठीक प्रकार से सुनाई देता है।

एक युवक बाग में टहल रहा था। उसने देखा कि एक युवती एक बेंच पर बैठी हुई है। वह युवती से बात करने का बहाना ढूंढ़ने लगा। कुछ सोचकर उसके पास जाकर बोला, "क्षमा करें। क्या आप बंबई में रहती हैं ?" युवती ने बड़ी रुखाई से उत्तर दिया, "जी नहीं।"

"ओ हो, तब तो हम दोनों एक ही स्थान के निवासी हैं क्योंकि मैं भी बंबई में नहीं रहता।"

एक लेखक ने अपनी पुस्तक के आरंभ में आभार प्रदर्शन के अंतर्गत लिखा, "सबसे

अधिक तो मैं अपनी श्रीमती जी का कृतज्ञ हूँ क्योंकि यदि वह छह महीने के लिए अपने मायके न चली गई होतीं तो यह पुस्तक कभी पूरी न होती।

(9) कोई परिभाषा ठीक है या नहीं, इसकी कसौटी यह है कि परिभाषा विपर्यशील होनी चाहिए। अर्थात्, यदि उद्देश्य और विधेय का हेर-फेर कर दें तो भी परिभाषा ठीक रहे, जैसे :

(i) मनुष्य एक तर्कशील प्राणी है। इसका उल्टा—तर्कशील प्राणी मनुष्य होता है। यह भी ठीक है।

(ii) त्रिभुज तीन ऋजु रेखाओं से घिरी आकृति को कहते हैं। इसका उल्टा—तीन ऋजु रेखाओं से घिरी आकृति को त्रिभुज कहते हैं।

अब इस ''परिभाषा'' को उलट कर देखिए : गधा चौपाया होता है। उल्टा, प्रत्येक चौपाया गधा होता है। यह कथन गलत है क्योंकि चौपाए तो गधे के अतिरिक्त और भी होते हैं जैसे, घोड़ा, भेड़, बकरी आदि।

हम यह नहीं कहते कि उपरिलिखित कथन गलत हैं, किंतु परिभाषा के रूप में ठीक नहीं हैं।

5.10. परिभाषा की सीमाएं : (1) किसी भी पद श्रृंखला की, सर्वोच्च जाति की परिभाषा नहीं हो सकती, क्योंकि उसकी कोई आसन्न जाति होती ही नहीं। पिछले अध्याय की सारणी में पदार्थ की तार्किक परिभाषा नहीं हो सकती।

(2) प्राथमिक गुणों की परिभाषा नहीं हो सकती, जैसे सुंदरता, सफेदी, लालिमा आदि। परिभाषा में पद के गुणार्थ का विश्लेषण होता है। किंतु ये पद तो स्वयं ही गुणों के नाम हैं। इनके गुण क्या होंगे?

(3) जैसाकि हम पहले भी कह चुके हैं व्यक्तिवाचक पदों अर्थात् विशेष नामों की परिभाषा नहीं हो सकती। हम ''परमात्माशरण'' नाम के व्यक्ति का वर्णन कर सकते हैं, किंतु उसकी परिभाषा तो हो ही नहीं सकती।

(4) विशेष पदों की परिभाषा नहीं हो सकती, जैसे हमारा मकान, हमारे लॉन में रखी हुई मेज, पड़ोसी की पुस्तकों की आलमारी आदि। इन पदों का कोई गुणार्थ नहीं होता, अतः ये परिभाषा के योग्य नहीं हैं फिर भी इन सबका वर्णन हो सकता है।

(5) प्राथमिक संप्रत्ययों (Elementary Concepts) की परिभाषा नहीं हो सकती। ऐसे पद ज्यामिति में बहुधा आते हैं।

मान लीजिए एक ऋजु रेखा अपने किसी बिंदु के चारों ओर घूमती है। वह एक समतल का सृजन करती है। समतल ऋजु रेखाओं से बनते हैं और एक दूसरे को ऋजु रेखाओं पर काटते हैं। ऋजु रेखाएं बिंदुओं से बनती हैं और एक-दूसरे को बिंदुओं पर काटती हैं।

बिंदु की क्या परिभाषा होगी? यहां गणितज्ञ हथियार डाल देता है क्योंकि हम एक सरलतम संप्रत्यय पर पहुंच गए, जिसके आगे जा ही नहीं सकते। अतः अब हम दूसरे मार्ग से चलते हैं।

बिंदु में स्थिति होती है, परिमाण नहीं होता। उसमें न लंबाई होती है, न चौड़ाई, न मोटाई। हम किसी बिंदु की स्थिति दूर से ही दर्शा सकते हैं। किंतु यदि हमने अपनी पेंसिल से कापी पर "बिंदु" बना दिया तो उसमें कुछ-न-कुछ लंबाई भी आ गई, चौड़ाई भी, मोटाई भी। उसकी मोटाई कागज़ की मोटाई ही होगी। अतः वास्तविक बिंदु में कोई भी विभा (Dimention) नहीं होती। ऋजुरेखा में एक विभा होती है, समतल में दो और ठोस में तीन। इस प्रकार हम इसका वर्णन कर सकते हैं, बखान कर सकते हैं, परिभाषा नहीं दे सकते। ऋजुरेखा की सबसे सरल परिभाषा है "दो बिंदुओं की मध्यस्थ न्यूनतम दूरी।'

क्या सौंदर्य की परिभाषा हो सकती है ? कवि तुलसीदास जी सीता जी के सौंदर्य का वर्णन इस रूप में करते हैं :

सुंदरता कहं सुंदर करई।

जिसकी सुंदरता सौंदर्य को भी चार चांद लगा दे, उसकी सुंदरता की परिभाषा किस प्रकार होगी ? हम किसी भी संप्रत्यय का विश्लेषण करते चले आएं, एक स्थिति ऐसी आएगी जब हम एक कदम भी आगे नहीं बढ़ पाएंगे।

क्या आकाश (Space) की परिभाषा हो सकती है ? यदि हम कहें कि "शून्य" को आकाश कहते हैं, तो हमने केवल एक शब्द के बदले दूसरा रख दिया। परिभाषा तो नहीं दी। एक प्रश्न यह है कि "आकाश सांत है या अनंत। यदि कहें कि "आकाश सांत है" तो आकाश के परे क्या है ? उत्तर मिलेगा "कुछ नहीं।" और "कुछ नहीं" का ही अर्थ है "शून्य"। हम फिर जहां के तहां पहुँच गए। हमें अंत में कहना पड़ेगा कि हम आकाश की "आकृति" की कल्पना नहीं कर सकते क्योंकि हरि अनंत, हरि कथा अनंता।

फिलॉस्फी (दर्शनशास्त्र) की बहस के अंदर खुदा मिलता नहीं।
डोर को सुलझा रहा है, पर सिरा मिलता नहीं।।

5.11. परिभाषा का उपयोग : परिभाषा का मुख्य उपयोग है अर्थ की स्पष्टता। कुछ शब्दों के अर्थ अस्पष्ट होते हैं, कुछ के अनिश्चित। कुछ शब्दों के दो अर्थ चलते हैं, और वह भी ऐसे जिनमें भ्रम की गुंजाइश हो। ऐसे शब्दों के अर्थ स्थिर करना आवश्यक है।

अभी तक कोश और कोष दोनों प्रायः दो अर्थों में चलते हैं : 1. शब्द कोश (Dictionary) 2. ख़जाना। यदि हम कोश को पहले अर्थ के लिए विशेषित कर दें और कोष को दूसरे अर्थ के लिए तो सारा झंझट मिट जाए और इसी दृष्टिकोण से दोनों शब्दों को सुपरिभाषित कर दिया जाए।

अभी तक बहुत से लोगों के लिए "आकाश" का अर्थ स्पष्ट नहीं है। इसका सीमित अर्थ तो वह नीला गुंबद है जो हमें आंख से दिखाई देता है। किंतु दूसरा अर्थ है "शून्य (Space)" जिसका न आदि है न अंत। अब आवश्यकता इस बात की है कि हम पहले अर्थ के लिए "गगन" अथवा "आसमान" को निर्धारित कर दें और दूसरे अर्थ के लिए "आकाश" को।

"पर्याय" ऐसे शब्दों को कहते हैं जिनके अर्थों में समानता तो हो किंतु सूक्ष्मांतर हों या यों कहिए कि ऐसे दो शब्दों को एक दूसरे के पर्याय कहते हैं जिनमें कम-से-कम एक सारभूत अर्थ समान हो। "आवश्यकता" और "अपेक्षा" के अर्थ मिलते-जुलते हैं। ये दोनों शब्द ऐसी स्थिति के द्योतक हैं जब हमारे किसी काम के निष्पादन में थोड़ी-बहुत कमी रह जाती है। आवश्यकता का संबंध ऐसी वस्तुओं से है जिनके बिना हमारा काम चल ही नहीं सकता। जैसे जल और वायु हमारी आवश्यकताएं हैं। "अपेक्षा" का संबंध ऐसी वस्तुओं से है जिनके बिना हमारा काम चल तो सकता है किंतु ढंग से नहीं चल पाता। भोजन बनाने के लिए आटा, दाल, तरकारी आवश्यक हैं। इनके बिना भोजन बन ही नहीं पाएगा। किंतु मिर्च, मसाला भी अपेक्षित हैं। इनके बिना भोजन में स्वाद नहीं आएगा।

शब्दों के अर्थों के सूक्ष्मांतरों को उभारकर सामने लाना परिभाषा का काम है।

ज्ञान की कोई सीमा नहीं होती। बहुत बार ऐसे भावों से हमारा सामना हो जाता है जिनके लिए दूसरी भाषाओं में निश्चित शब्द होते हैं, किंतु हिंदी में नहीं होते। ऐसे शब्दों के लिए हमें नए शब्द बनाने पड़ते हैं जिन्हें "तदर्थी" कहते हैं।

प्रत्येक पुस्तक के आरंभ में कई पृष्ठ होते हैं जिनमें पुस्तक का शीर्षक, विषयसूची, लेखक की नामावली आदि रहते हैं और पुस्तक के अंत में अनुक्रमणिका, परिशिष्ट आदि रहते हैं। इन सब पृष्ठों को मिलाकर Prels (Preliminaries) कहते हैं। यह शब्द ठीक-ठीक अर्थ का द्योतक है या नहीं, यह अलग बात है, किंतु चल पड़ा है। इसी प्रकार हम हिंदी में आपृष्ठ (आरंभिक पृष्ठ) शब्द चला सकते हैं।

अंग्रेजी के ही एक अन्य शब्द (Instinct) के लिए हमारे पास कोई पुराना शब्द नहीं है। भिन्न-भिन्न लेखकों ने कई प्रकार के शब्द दिए हैं: सहजज्ञान, सहजबुद्धि, मूल प्रवृत्ति। किंतु न यह ज्ञान है, बुद्धि, न प्रवृत्ति। हमारी समझ में इसे "सहजवृत्ति" कहना चाहिए।

ज्ञान की खोज में हम परिभाषा से आरंभ करते हैं और बढ़ते चले जाते हैं। इस दिशा में गणित विज्ञान सबसे आगे है। ज्यामिति में हम त्रिभुज की परिभाषा से चलते हैं और त्रिभुज के दर्जनो गुणधर्म निकाल डालते हैं अथवा बिंदु से आरंभ करते हैं और गोलों और ठोसों तक पहुंच जाते हैं। इसीलिए अरस्तू कहा करता था कि परिभाषा ही ज्ञान का प्रारंभ है।

इसके विपरीत प्राकृतिक विज्ञानों में हम तथ्यों और वस्तुओं से आरंभ करते हैं और वस्तुओं का पूर्ण ज्ञान प्राप्त करने का प्रयत्न करते हैं। अंत में अपने फलों को परिभाषाओं द्वारा प्रकट करते हैं। इस प्रकार ज्ञान का अंत भी परिभाषा ही है। अतः हम कह सकते हैं कि परिभाषा ही ज्ञान का आदि भी है, अंत भी।

6. तार्किक विभाजन

6.1. तार्किक विभाजन (Logical Division) : एक वैद्य जी ने हमें बताया था कि सामान्यत: पेड़ के पांच भाग होते हैं : पत्ते और टहनियां, फूल, फल, तना और जड़ें। इनमें पत्ते और टहनियां सबसे जल्दी पचते हैं। इसलिए हमारे भोजन में सबसे अधिक मात्रा इन्हीं की होनी चाहिए, शेष चारों क्रमानुसार बाद को :

पत्ते और टहनियां :

(1) धनिया, पोदीना, मेथी, पालक, पातगोभी आदि।
(2) फूल : फूलगोभी, गुलाब, कचनार, कमलगट्टा आदि।
(3) फल : टमाटर, आम, पपीता आदि।
(4) तना : सहजन, सब गोभियों के डंठल, चपनकद्दू आदि।
(5) जड़ों में उत्पन्न पदार्थ : आलू, अरबी, कंद, प्याज, हल्दी आदि।

इस प्रकार पेड़ को पांच भागों में बांटना, भौतिक विभाजन (Physical Division) है। यह वास्तव में किसी वस्तु के शरीर का भिन्न-भिन्न अंगों में विभाजन होता है।

इससे बिलकुल भिन्न होता है तात्विक (Metaphysical) विभाजन। इसमें किसी वस्तु के गुणों का विभाजन होता है, जैसे आम की घनता, मधुरता, हरापन अथवा पानी की दृव्यता, फीकापन, रंगहीनता आदि। तार्किक विभाजन इन दोनों प्रकार के विभाजनों से भिन्न होता है। इसमें हम किसी जाति को उसकी उपजातियों में बांटते हैं, या यों कहिए कि किसी बड़े वर्ग को छोटे-छोटे वर्गों में विभाजित करते हैं। जैसे :

(1) किसी कक्षा के छात्रों को मेधावी, साधारण, मंदबुद्धि में।
(2) किसी देश के निवासियों को हिंदू, मुस्लिम, सिक्ख, ईसाई आदि में।
(3) किसी नगर के निवासियों को पुरुषों, स्त्रियों, बच्चों आदि में।

तीनों प्रकार के विभाजनों का अंतर : तार्किक विभाजन सदैव किसी जाति का उपजातियों में, भौतिक विभाजन शारीरिक अंगों में और तात्विक विभाजन गुणों में होता है। भौतिक विभाजन किसी वस्तु का, तार्किक विभाजन किसी जाति का और तात्विक विभाजन दोनों का हो सकता है। मान लीजिए हम आकृति का विभाजन त्रिभुज, चतुर्भुज, बहुभुज में करते हैं। यह हुआ तार्किक विभाजन। हम कह सकते हैं कि चतुर्भुज एक आकृति है। यहाँ हमने जाति को उपजाति का विधेय बना दिया।

अब उपरिलिखित तात्विक विभाजन में हम कह सकते हैं कि आम में मधुरता है। यहाँ

हमने विभाजक गुण को जाति का विधेय बना दिया। किंतु भौतिक विभाजन में न हम ज़ाति को उपजाति का विधेय बना सकते हैं, न उपजाति को जाति का। मनुष्य के शरीर का हम भौतिक विभाजन करते हैं : हाथ, पैर, मुँह, नाक आदि। न हम यह कह सकते हैं कि मनुष्य मुँह है, न यह कि मुँह मनुष्य है।

भौतिक विभाजन में हम छूकर बता सकते हैं कि विभाजित अंग कहाँ है, जैसे मनुष्य के शरीर शरीर में गर्दन किधर है, हाथ किधर, पैर किधर आदि। "यदि आवश्यक हो तो एक-एक अंग काटकर " भगवान रक्षा करें। बचपन में हम लोग एक पहेली बूझा करते थे :

जंगल में एक बड़हल गिरी।
देखी किसी ने, दौड़ा कोई।
उठा ली किसी ने, खा ली किसी ने।।

स्पष्ट है कि इस पहेली में शरीर के अंगों के कृत्यों का वर्णन किया गया है। आँखों ने देखा, टाँगें दौड़ीं, हाथों ने उठाया, मुँह ने खाया। आशय यह है कि यद्यपि शरीर के अंग अलग-अलग हैं, उन सबको मस्तिष्क की आज्ञानुसार काम करना पड़ता है। आँखों ने देखकर खबर दी, मस्तिष्क ने टांगों को दौड़ाया।

इसी प्रकार, तार्किक विभाजन में भी सामान्यतः हम विशिष्ट विभाजित उपजातियों को अलग-अलग करके दिखा सकते हैं, जैसे पुरुषों, स्त्रियों और बच्चों को। किंतु तात्विक विभाजन में यह असंभव है। यदि हम भूरे रंग की एक रबर की गेंद लें तो क्या हम उसका भूरापन, गोलाई, लचीलापन आदि को अलग-अलग करके दिखा सकते हैं ?

6.2. तार्किक विभाजन के नियम : 1. तार्किक विभाजन सदैव किसी जाति का उसकी उपजातियों में होता है। जैसा हम ऊपर कह चुके हैं, यह भौतिक और तात्विक विभाजन से सर्वथा भिन्न है। मान लीजिए हम किसी मकान का विभाजन इस प्रकार करते हैं : बैठक, शयनागार, रसोई, शौचालय, भोजनालय। तो यह भौतिक विभाजन होगा, क्योंकि ये मकान के भागों के नाम हैं, जातियों के नाम नहीं हैं। हाँ, यदि हम मकानों को इन उपजातियों में बाँटें तो अवश्य तार्किक विभाजन कहलाएगा : आवास गृह, अतिथिशाला कार्यालय आदि। यदि हम चाक की बत्ती का विभाजन इस प्रकार करें : सफेदी, घनता, बेलनीयता आदि, तो यह तात्विक विभाजन होगा।

तार्किक विभाजन का एक समय में एक ही आधार होना चाहिए। हम किसी कालिज के विद्यार्थियों को इस आधार पर विभाजित कर सकते हैं : गणित के विद्यार्थी, अंग्रेजी के विद्यार्थी, दर्शनशास्त्र के विद्यार्थी। किंतु यदि हम इस प्रकार विभाजन करें : मेधावी विद्यार्थी, मंदबुद्धि विद्यार्थी, भूगोल के विद्यार्थी, तो यह विभाजन गलत होगा क्योंकि इसमें दो आधारों का समावेश है : मेधा और विषय। एक विद्यार्थी मंदबुद्धि भी हो सकता है, भूगोल का विद्यार्थी भी। ऐसे विभाजन को संकर (Cross) विभाजन कहते हैं। यदि हम

किसी नगर के निवासियों का विभाजन इस प्रकार करें : स्त्री, पुरुष, लंगड़े, लूले, तो भी वही दोष होगा। इन्हें अतिछादक (Overlapping) विभाजन भी कहते हैं। इस बात को यों भी कह सकते हैं कि विभाजित उपजातियां परस्पर अपवर्जी (Mutually exclusive) होनी चाहिए।

तार्किक विभाजन का आधार न तो कोई गुणधर्म होना चाहिए, न अभियोज्य आकस्मिक गुण क्योंकि ये गुण तो जाति के समस्त सदस्यों में पाए जाते हैं। आधार कोई वियोज्य आकस्मिक गुण होना चाहिए।

यदि हम मनुष्यों को दो कानवाले मनुष्य और "अन्य मनुष्यों" में बाँटें तो इससे काम नहीं चलेगा क्योंकि दो कान तो सभी के होते हैं। इसी प्रकार न हम उन्हें "हंसनेवालों" और "न हसने वालों में" बांट सकते हैं। परतु हम उन्हें "मासाहारी" और "अमांसाहारी" (या शाकाहारी) में बाट सकते हैं, शिक्षित और अशिक्षित में विभाजित कर सकते हैं। "छह फुट लबों" और "छह फुट से कम लबों" में भी बांट सकते हैं।

तार्किक विभाजन में जाति को उसकी आसन्न उपजातियों में बांटना चाहिए, न कि दूरवर्ती उपजातियों में। मान लीजिए हमारा एक विभाजन यह है :

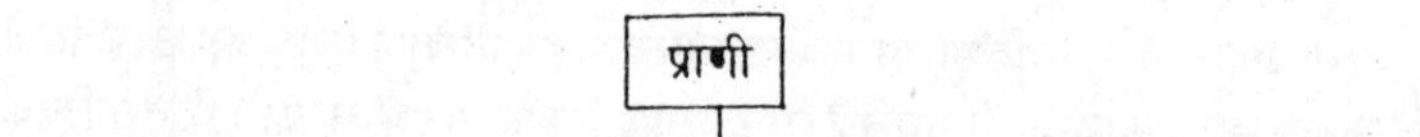

यह एक क्रमबद्ध विभाजन है किंतु यदि कोई प्राणियों को कालिज के अध्यापकों और "अन्य" में विभाजित करे तो यह क्रमहीन विभाजन होगा। तार्किक विभाजन में सारे सोपान क्रमबद्ध होने चाहिए।

विभाजित उपजातियों का वाच्यार्थ विभाजित जाति के वाच्यार्थ के बराबर होना चाहिए। यदि भारतवासियों को धर्म के आधार पर इन वर्गों में बांटें : हिंदू, मुसलमान, सिख, ईसाई, बौद्ध आदि तो इसमें अव्याप्ति दोष होगा, क्योंकि इसमें यहूदियों और पारसियों को छोड़ दिया गया है। और यदि भारतवासियों को चौबीसों प्रदेशों और ब्रह्मा के निवासियों में बांटें तो अतिव्याप्ति दोष होगा क्योंकि ब्रह्मा वाले भारत के निवासी नहीं हैं।

स्पष्ट है कि विभाजक उपजातियों का वाच्यार्थ विभाजित जाति के वाच्यार्थ के ठीक बराबर होना चाहिए। न उससे कम, न अधिक। अर्थात् उपजातियों के वाच्यार्थ सामूहिक रूप से निश्शेष (Collective Exhaustive) होने चाहिए। किसी मुहल्ले के निवासियों को यदि "जूते पहननेवाले" और "टोपी पहननेवाले" जैसे दो वर्गों में बांटा जाए तो क्या दोष होगा ?

6.3. तार्किक विभाजन की सीमाएं : किसी लघुतम उपजाति का तार्किक विभाजन नहीं हो सकता, क्योंकि उसमें उपजातियां नहीं होतीं। गुणों और भावनाओं का तार्किक विभाजन नहीं हो सकता। सुख, दुख, पवित्रता, सफेदी आदि का तार्किक विभाजन असंभव है क्योंकि ये गुणों के नाम हैं। गुणों में वाच्यार्थ नहीं होता और वाच्यार्थ के आधार पर ही विभाजन होता है।

6.4. तार्किक परिभाषा और विभाजन : परिभाषा और विभाजन दोनों प्रक्रियाएं एक दूसरे की पूरक हैं। परिभाषा किसी पद के गुणार्थ का विश्लेषण करती है, विभाजन उसके वाच्यार्थ का।

त्रिभुज की परिभाषा है : एक ऋजु रेखाकृति जो तीन ऋजु रेखाओं से घिरी हो। "ऋजु रेखाकृति" त्रिभुज की जाति है और "त्रिरेखीयता" उसका विभेदक। इस परिभाषा से "त्रिभुज" का संप्रत्यय स्पष्ट हो जाता है। अब हम त्रिभुज जाति को इस प्रकार विभाजित करते हैं :

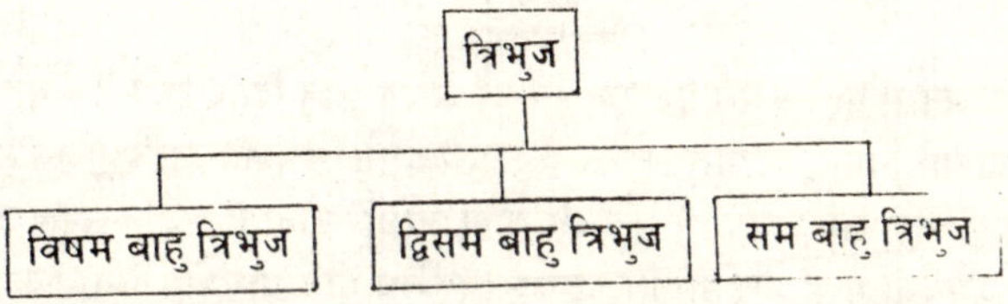

विषम बाहु त्रिभुज : जिस त्रिभुज में कोई भी दो भुजाएं समान न हों।

द्विसम बाहु त्रिभुज : जिस त्रिभुज में दो भुजाएं समान हों।

सम बाहु त्रिभुज : जिसमें तीनों भुजाएं समान हों।

विभाजन से यह पता चलता है कि त्रिभुज की भुजाओं में क्या-क्या संबंध हो सकते हैं। इस प्रकार का विभाजन हमारे त्रिभुज के संप्रत्यय को सुस्पष्ट और सुनिश्चित कर देता है।

परिभाषा में ही विभाजन निहित रहता है। जब हम कहते हैं कि "मनुष्य तर्कशील प्राणी है" तो हम मन-ही-मन में प्राणियों का विभाजन—तर्कशील और अतर्कशील में कर देते हैं।

क्रियापद एक शब्द होता है जिसमें किसी काम का करना या होना पाया जाता हो, जैसे उठना, बैठना, खाना, सोना आदि। इस परिभाषा से हमने शब्दों को दो वर्गों में विभाजित

कर दिया : (1) ऐसे शब्द जिनमें किसी काम का करना या होना पाया जाता हो । (2) अन्य शब्द ।

इस प्रकार यह स्पष्ट है कि परिभाषा और विभाजन का संबंध केवल कृत्य में ही नहीं है, इनकी उत्पत्ति में भी है ।

6.5. द्विवर्ग विभाजन (Division by Dichotomy) : द्विवर्ग विभाजन में प्रत्येक जाति को दो पूरक जातियों में विभाजित किया जाता है । जैसे :

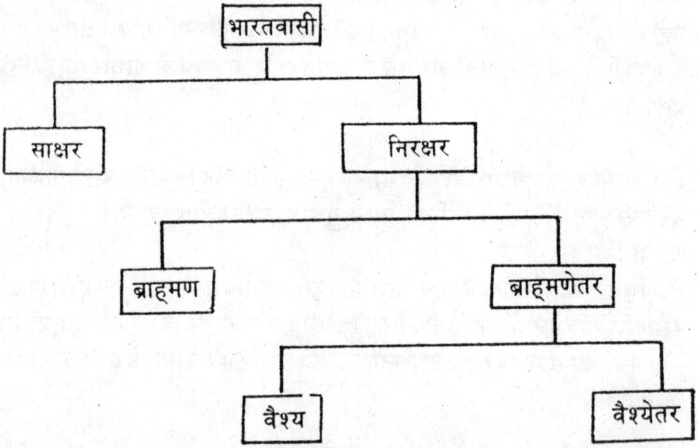

इस विभाजन में प्रत्येक पग पर एक वर्ग को अलग छोड़ दिया जाता है । यह विभाजन तत्संबंधी सारे नियमों का पालन करता है । प्रत्येक पग पर जाति का विभाजन उपजातियों में होता है और प्रत्येक पग पर केवल एक ही आधार होता है । और उक्त उपजातियां परस्पर अपवर्जी भी हैं और सामूहिक रूप से निश्शेष भी । और शेष नियमों का भी पालन हो रहा है । अत: औपचारिक रूप से तो यह विभाजन निर्दोष दिखाई देता है किंतु बारीकी से देखने पर इसमें ये दोष दृष्टिगोचर होते हैं :

(क) प्रत्येक पग पर यह विभाजन एक उपजाति को अनिश्चित छोड़ देता है । ऊपर दिए हुए विभाजन में हमें निरक्षर, ब्राह्मणेतर और वैश्येतर वर्गों के विषय में कोई भी सूचना नहीं मिलती । यह पता नहीं चलता कि ये कैसे होते हैं । केवल यह पता चलता है कि ये कैसे नहीं होते ।

एक युवक ने देखा कि एक युवती अकेली बैठी है । उससे बात करने के लिए बहाना ढूँढ़ने लगा । फिर पास जाकर बोला, "ज़रा सुनिए ।"

युवती रुखाई से बोली, "मैं अपरिचितों से बात नहीं करती ।"

युवक, "मैं भी नहीं करता । इसीलिए कहता हूँ कि हम लोग एक जगह बैठ जाएँ और एक दूसरे से परिचित हो जाएँ ।"

(ख) प्रत्येक पग पर विभाजन का आधार बनाने के लिए हमें बाह्य ज्ञान का सहारा लेना पड़ता है और यह पता चलना भी कठिन होता है कि हमारा विभाजन वास्तविक है या नहीं। यदि हम वृत्तों को त्रिभुजीय और अत्रिभुजीय वृत्तों में विभाजन करें तो औपचारिक रूप से उक्त विभाजन निर्दोष होगा किन्तु हम जानते हैं कि त्रिभुजीय वृत्त होते ही नहीं। यदि हम बिच्छुओं को "36 डंकवाले" और "अन्य बिच्छुओं" में विभाजन करें तो भी वही बात होगी।

इसके विपरीत, यदि हम मनुष्य को "तर्कशील प्राणी" और "अतर्कशील प्राणी" वर्गों में बांटें तो व्यर्थ होगा क्योंकि सारे मनुष्य तर्कशील होते हैं। विभाजन का आधार कोई वियोज्य आकस्मिक गुण होना चाहिए।

(ग) उक्त विभाजन लंबा और श्रमसाध्य है। हम त्रिभुजों के वर्ग को भुजाओं की समानता के आधार पर इस रूप में विभाजित कर सकते हैं :

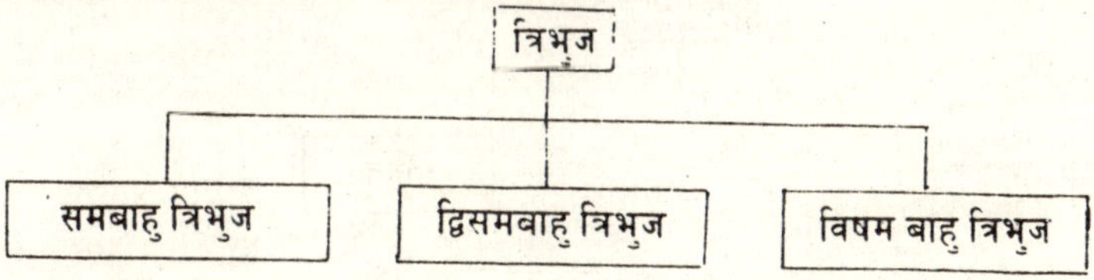

किंतु द्विवर्ग विभाजन इस प्रकार करना होगा :

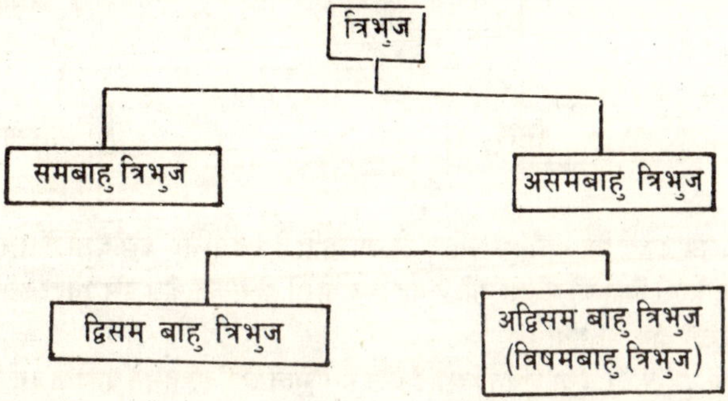

यदि हमें ज्यामिति का ज्ञान न हो तो हम इस विभाजन को एक पग और आगे बढ़ा सकते हैं : "विषम बाहु त्रिभुज" और "अविषम बाहु त्रिभुज" में; किंतु "अविषम बाहु त्रिभुज" का क्या अर्थ निकलेगा ?

(घ) द्विवर्ग विभाजन को हम जितना चाहें, बढ़ाते जाएँ, कभी निश्चय हो ही नहीं सकता कि सीमा आन पहुँची, अब इसके आगे नहीं जा सकते।

6.6. द्विवर्ग विभाजन का अपना उपयोग भी है। यदि हम प्राणियों को "तर्कशील" और "अतर्कशील" में विभाजित करें तो हम परोक्ष रूप से "मनुष्य" को विभेदक की पहचान

देते हैं। यों समझिए कि जब हम किसी जाति का द्विवर्ग विभाजन करते हैं तो हमें उसकी उपजाति का विभेदक प्राप्त होता है।

और ऊपर हम देख चुके हैं कि किसी उपजाति को परिभाषित करने में हम उसकी जाति का विभाजन कर देते हैं। इन दोनों तथ्यों को मिलाकर हम कह सकते हैं कि "परिभाषा में विभाजन निहित है, और विभाजन मे परिभाषा निहित है।"

6.7. अब हम एक विवादग्रस्त प्रश्न छेड़ते हैं। कुछ तर्कशास्त्रियों का यह विचार है कि द्विवर्ग विभाजन में प्रत्येक पग पर संकर विभाजन होता है। हम उनकी एक सारणी यहाँ देते हैं :

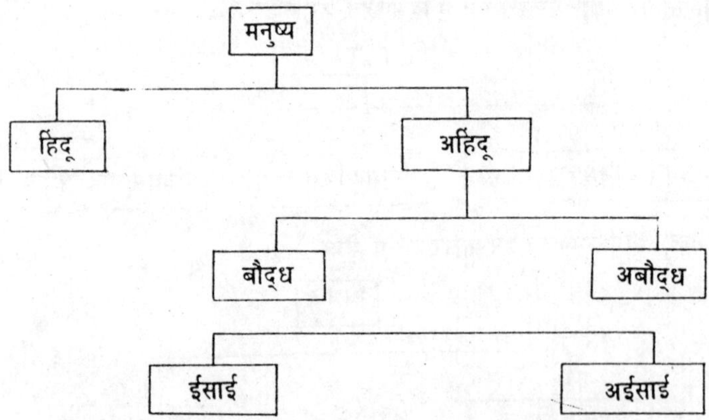

उनका यह तर्क है कि अबौद्ध अहिंदू की उपजाति है। इसलिए अबौद्धों में सब अहिंदू ही होने चाहिए। किंतु जो बौद्ध नहीं है वह हिंदू भी तो हो सकता है। इस प्रकार इस विभाजन में संकरता दोष आ गया।

हमें यह तर्क सर्वथा दूषित दिखाई देता है। मान लीजिए हमने प्रत्येक वर्ग के सदस्यों को एक अलग संदूक में बंद कर दिया। इस प्रकार पहले संदूक में हिंदू और दूसरे में अहिंदू हो गए। पहला संदूक हमने उठाकर अलग रख दिया। दूसरे संदूक में केवल अहिंदू रह गए। इस संदूक में से हमने बौद्ध अलग रख दिए, अबौद्ध अलग। स्पष्ट है कि इन अबौद्धों में एक भी हिंदू नहीं होगा।

विभाजन के प्रत्येक आधार का एक क्षेत्र होता है। मान लीजिए हम देश के चारों महानगरों यानी दिल्ली, बंबई, कलकत्ता, मद्रास के निवासियों पर विचार कर रहे हैं। देश में और भी तो बहुत से नगर हैं, परंतु उन नगरों के निवासी हमारी आधार परिधि के बाहर हैं। हम इस प्रकार द्विवर्ग विभाजन करते हैं :

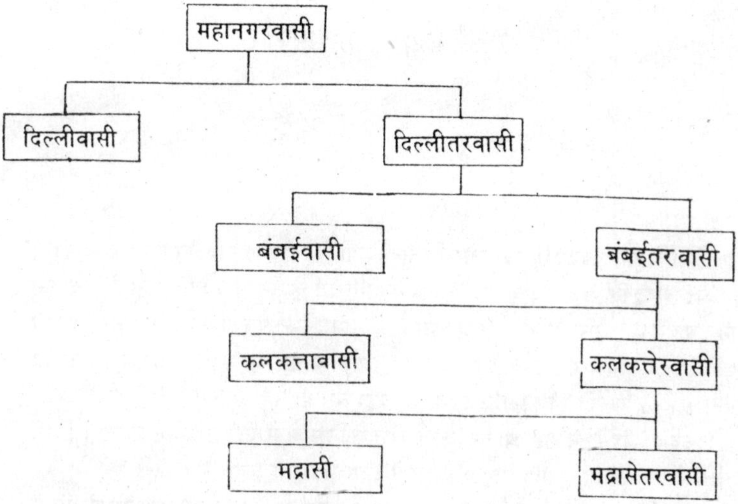

इस विभाजन में दिल्लीतर वासी वर्ग में कोई बंबईवासी, कलकत्तावासी अथवा मद्रासी हो सकता है, किंतु लखनऊवासी नहीं हो सकता, बंगलौरवासी नहीं हो सकता क्योंकि ये नगर हमारे आधार की परिधि के बाहर हैं।

हमने विभाजन के पहले ही पग पर दिल्लीवासियों को अलग कर दिया। अब हमारे पास केवल दिल्लीतरवासी बचे। इनमें से हमने छांटकर बंबईवासी अलग कर दिए। शेष बंबईतरवासी जिनमें एक भी दिल्लीवाला है ही नहीं। फिर संकर विभाजन किधर से होगा?

7. ''अर्थ'' का अर्थ

7.1. कभी आपने ''पदार्थ'' शब्द पर विचार किया है ? इसका विश्लेषण है पद + अर्थ। जब कोई शब्द किसी वाक्य के उद्देश्य अथवा विधेय के रूप में प्रयुक्त होता है, तब उसे ''पद'' कहते हैं। और ''अर्थ'' का आशय है अभिप्राय, मतलब, मानी। मान लीजिए हम ''घड़ा'' पद पर विचार कर रहे हैं। एक कुम्हार घड़ा बनाने बैठता है। सबसे पहले तो वह मिट्टी इकट्ठी करेगा। मिट्टी के बिना तो घड़ा बन ही नहीं सकता।

1. द्रव्य : अरस्तू ने कहा था कि किसी वस्तु के निर्माण में चार उपादान लगते हैं। घड़े के लिए पहला उपादान यही मिट्टी है। इसे द्रव्य उपादान कहते हैं।

2. कर्त्ता : प्रत्येक वस्तु के निर्माण के लिए एक कर्त्ता चाहिए। कर्त्ता ऐसा होना चाहिए जो उक्त वस्तु के निर्माण की तकनीक जानता हो। तत्संबंधी काम में कुशल हो। या तो उसने स्वयं बहुत से घड़े बनाए हों या दूसरों को घड़े बनाते हुए देखा हो, और प्रशिक्षण भी प्राप्त किया हो। इसे 'योग्यता उपादान' भी कहते हैं।

3. रूप : यह आवश्यक है कि कर्त्ता ने घड़े का आकार और आकृति भी मन में बना ली हो। कितना ऊँचा होगा, कितना मोटा, घड़े का मुँह कहाँ पर आरंभ होगा, कितनी गोलाई दी जाएगी आदि। इसे 'रूप उपादान' कहते हैं। इसके बिना वांछित आकार-प्रकार का घड़ा बन ही न पाएगा।

4. हेतु : प्रत्येक वस्तु के निर्माण के लिए कोई हेतु चाहिए। घड़ा बनाने का हेतु है पानी भरकर रखना। इसे 'हेतु उपादान' कहते हैं।

इस प्रकार चारों उपादानों से मिलकर मिट्टी का ''घड़ा'' बना। यही ''घड़ा'' पद का ''अर्थ'' है। यह इस बात का द्योतक है कि हमारे पूर्वज शब्द को कितना महत्व देते थे। उनके मस्तिष्क में पहले ''पद'' आया, फिर उसका अर्थ ढूँढा। अतः पद का महत्व ''पदार्थ'' से भी अधिक है। वे तो शब्द को ''शब्द ब्रह्म'' कहा करते थे।

हमें ''घड़ा'' पद का ''अर्थ'' तो मिल गया। अब इस अर्थ की व्याख्या क्या होगी ? इसके लिए अध्याय 5 के पन्ने उलटिए। ''घड़ा'' की जातिविभेदक परिभाषा बनाइए :

एक मिट्टी का बरतन जो पानी रखने के काम आता है।

कोशों में अर्थ इस प्रकार दिया रहता है :

''धातु या मिट्टी का कलसा, पानी रखने का बरतन, गागर।

जाति : धातु या मिट्टी का बरतन।

विभेदक : पानी भरकर रखना।

7.2. भाषा संदेश वहन का माध्यम है। मान लीजिए मैंने रामचेरा से कहा कि ''एक गिलास पानी ले आओ।'' और वह गया और पानी ले आया, तो उसने हमारा आशय ठीक-ठीक समझ लिया और यदि वह कहे कि ''बाबूजी, आज मेरी टांग में दर्द है। इस समय उठकर पानी लाना कठिन है।'' तो भी उसने हमारी बात का अर्थ तो समझ लिया, किंतु मेरी आज्ञा का पालन करने में अपनी असमर्थता प्रकट की।

हम किसी ऐसे व्यक्ति के सामने एक शब्द का उच्चारण करते हैं जिसके कान और मस्तिष्क आदि ठीक काम कर रहे हैं तो उसकी जो मानसिक प्रतीति होगी उसी को शब्द का ''अर्थ'' कहेंगे।

शिवप्रसाद नाम के एक व्यक्ति बहरे थे। बाजार से लौट रहे थे कि उनके पुराने मित्र रामचंद्र मिले, जिनसे बहुत दिनों से भेंट नहीं हुई थी। उनके बीच निम्नलिखित वार्तालाप हुआ :

रामचंद्र, ''बहुत दिन से दिखाई नहीं पड़े थे। अच्छे तो हैं?''
शिवप्रसाद, ''सब्जी मंडी गया था।''
रामचंद्र, ''श्रीमती जी का क्या हाल है?''
शिवप्रसाद, ''बैंगन लाया हूँ।''
रामचंद्र, ''बाल बच्चे सकुशल हैं?''
शिवप्रसाद, ''सबका भुर्ता बनाऊँगा।''

स्पष्ट है कि शिवप्रसाद को रामचंद्र के कथन के अर्थ की प्रतीति नहीं हो पा रही थी। इसका कारण उनकी एक प्रकार की अपगंता है।

7.3. अर्थ की प्रतीति किस प्रकार होती है? इसकी दो विधियां हैं : (1) आत्म-अनुभव (2) पर-अनुभव। मान लीजिए मैं एक पेड़ देखता हूँ। उसका बिंब मेरे मस्तिष्क में अंकित हो जाता है। मैं लोगों से कहते सुनता हूं कि यह एक ''पेड़'' है। अब वास्तविक पेड़ के साथ ''पेड़'' शब्द भी मेरे मस्तिष्क में घर बना लेता है। यह संस्कार इतना गहरा हो जाता है कि जब कभी मुझे कोई पेड़ दिखाई देता है, मुझे ''पेड़'' शब्द की याद आ जाती है और मेरे मन में यह बात बैठ जाती है कि ''पेड़'' शब्द ही वनस्पति जगत के प्राणी ''पेड़'' का प्रतिनिधित्व करता है। इसी को स्वानुभव कहते हैं।

अब मान लीजिए मैं किसी को बताना चाहता हूँ कि ''पेड़'' किसे कहते हैं। जब मैं उसके सामने ''पेड़'' शब्द का उच्चारण करता हूँ, उसके मस्तिष्क पर ''पेड़'' का ध्वनिक बिंब बनता है। शेष क्रिया चित्र से स्पष्ट हो जाएगी।

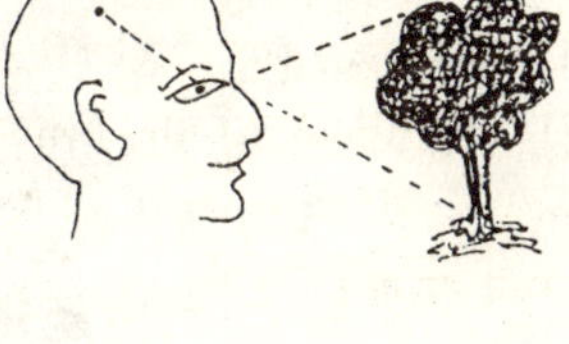

यह प्रक्रिया संप्रत्यय (Concept) से आरंभ होती है और संप्रत्यय पर ही समाप्त होती है।

आत्मानुभव (स्वानुभव) भी दो प्रकार से होता है: बाह्येंद्रियों द्वारा और अंतरेंद्रियों द्वारा। बाह्येंद्रियाँ पाँच हैं: चक्षु, श्रवण, रसना, घ्राण, त्वचा। इन इंद्रियों की सहायता से हम रूप, शब्द, रस, गंध और स्पर्श का ज्ञान प्राप्त करते हैं। अंतरेंद्रियों में मुख्यतः मन अथवा अंतःकरण आता है। मूर्त वस्तुओं का ज्ञान बाह्येंद्रियो द्वारा होता है, अमूर्त वस्तुओं का अंतरेंद्रियों द्वारा।

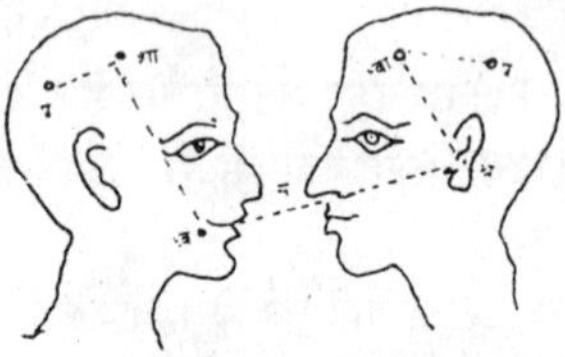

वक्ता एवं श्रोता का संबंध

(**प्र**–प्रत्यय; **शा**–शाब्द बिम्ब; ध्व–ध्वनन; सं–संकेत (शब्द); **श्र**–श्रवण; ध्वा–ध्वानिक बिम्ब; **प्र**–प्रत्यय।)

अपने सामने की वस्तुएं (पेड़, पत्ते, मकान, जानवर) हम दिनरात देखते हैं और पहचान लेते हैं। किंतु इन वस्तुओं की पहचान में भी हमारे मन का योग रहता है। यदि हमारा मन कहीं और घूम रहा हो तो यह प्रक्रिया भी न हो पाए। कभी-कभी कोई वस्तु हमारे सामने पड़ी होती है और हमें उसका ज्ञान ही नहीं होता।

यों सुन रहे हैं वह मेरे जीवन की कहानी।
है दिल कहीं, ख्याल कहीं, और नज़र कहीं।।

किंतु सूक्ष्म भावनाओं और संप्रत्ययों का ज्ञान तो अंतरेंद्रियों द्वारा ही होता है जैसे सत्य, अहिंसा, सफाई, शुद्धि आदि। स्पष्ट है कि मूर्त वस्तुओं का ज्ञान स्पष्ट होता है, और अमूर्त वस्तुओं का अस्पष्ट और धूमिल। अतः जो ज्ञान बाह्येंद्रियों द्वारा होता है, वही अधिक विश्वसनीय होता है।

7.4. अक्ष : हमारे अनुभव का सबसे प्रत्यक्ष साधन हमारी आंखें हैं। पुराने समय में वैद्य जब बहुत अनुभवी हो जाते थे तो नब्ज़ देखना भी छोड़ देते थे। केवल रोगी की शक्ल देखकर ही रोग का निदान कर देते थे।

एक वैद्य जी ऊपर के खंड से नहाकर नीचे उतरनेवाले थे। पानी भरा लोटा हाथ में था। नीचे के खंड में एक रोगी द्वार के अंदर घुसा। वह दर्द से तड़प रहा था। वैद्य जी ने उसे देखते ही ऊपर से पानी भरा लोटा उसे फेंककर मारा। लोटा रोगी के माथे पर लगा। चोट लगी, रक्त बहने लगा। रोगी दो-चार मिनट के लिए बैठ गया। जब उठा तो वैद्य जी को नमस्कार किया।

वैद्य जी बोले, ''बोलो, तुम्हारे माथे का दर्द तो ग़ायब हो गया।''

रोगी, ''बिलकुल, आपकी कृपा से।''

बाद में वैद्य जी ने बताया कि उसके माथे में कुछ ख़ून इकट्ठा हो गया था। लोटे की चोट से ख़ून निकल गया, इसलिए दर्द जाता रहा।

एक थे लाला तोताराम। कई महीने के लिए तीर्थाटन को जा रहे थे। अपना घोड़ा अपने मित्र घासीराम के पास रखकर जाने लगे। घोड़े के खाने के लिए पर्याप्त पैसा देकर बोले, ''मेरे घोड़े का विशेष रूप से ध्यान रखना। तुम तो जानते ही हो, घोड़ा मुझे कितना प्रिय है।''

तोताराम के जाते ही मित्र की नीयत बदल गई। उसने घोड़ा बेच दिया और रकम खा गया। सोचा, ''क्या पता, तोताराम तीर्थ से लौट पाएगा या नहीं।''

कुछ महीने बाद तोताराम लौटे तो मित्र के पास दौड़े आए और घोड़े का हालचाल पूछा। मित्र ने कहा, ''क्या बताऊँ, तुम्हारा घोड़ा तो मर गया।''

तोताराम, ''कब मरा?''

घासीराम, ''कल ही तो मरा है।''

तोताराम, ''मगर वह मरा किस बीमारी से?''

घासीराम, ''बीमारी की न पूछो। तुम्हारे घोड़े को बड़ी अजीब बीमारी हुई थी। यानी, इतनी अजीब बीमारी हुई थी, इतनी अजीब कि बहुत अजीब बीमारी हुई थी।''

तोताराम, ''उसका शव कहाँ पर डाला?''

घासीराम, ''पास के जंगल में डाल आया।''

तोताराम, ''कल सवेरे चलकर मुझे उसका शव दिखा देना।''

घासीराम को चिंता के मारे रातभर नींद नहीं आई। घोड़े का शव था कहाँ, जो दिखा देता?

सवेरे तड़के ही तोताराम आकर छाती पर सवार हो गया। बेचारे को साथ जाना पड़ा।

थोड़ी दूर गए थे कि कहीं पर एक भैंसे का शव दिखाई दिया। घासीराम बोले, ''यह देखो, तुम्हारे घोड़े का शव।''

तोताराम, ''तुम्हारी आँखों को क्या हो गया है? या तुमने मुझे अंधा समझ रखा है?'' प्रत्यक्ष देख रहा हूँ कि यह घोड़े का शव नहीं, भैंसे का है।''

घासीराम, ''मैंने तो पहले ही कहा था कि तुम्हारे घोड़े को बड़ी अजीब बीमारी हुई थी। यदि घोड़े का घोड़ा ही रहता तो मरता ही क्यों?''

7.5 श्रवण : कुछ लोगों के कान बहुत तेज होते हैं। वे पहचान लेते हैं कि कौन-सी ध्वनि किस ओर से और कितनी दूरी से आ रही है। पुराने समय में बहुत से तीरंदाज़ ध्वनि सुनकर ही अंधेरे में तीर चलाते थे और बाण ठीक निशाने पर बैठता था। ऐसे बाणों को शब्दबेधी बाण कहते थे।

(1) रामायण में एक प्रसग श्रवणकुमार का आता है। श्रवणकुमार अपने माता-पिता के लिए नदी से पानी लेने गया था। जब वह घड़े में पानी भर रहा था तो पानी की कलकल ध्वनि से दशरथ ने समझा कि कोई पशु पानी पीने आया है। दशरथ ने शब्दबेधी बाण चलाया। बाण श्रवण को लगा जिससे उसकी मृत्यु हो गई।

(2) भारतीय इतिहास में एक प्रसंग मोहम्मद ग़ोरी का आता है जिसने भारत पर सत्रह बार चढ़ाई की। सोलह बार हारा और हर बार विजेता पृथ्वीराज ने उसे क्षमा कर दिया। सत्रहवीं बार वह पृथ्वीराज को हराकर बंदी बनाकर ले गया, उसकी आँखें फोड़ दीं और उसे कैद कर दिया।

पृथ्वीराज का एक अनुचर वेश बदलकर वहाँ पहुँचा और मोहम्मद ग़ोरी की विश्वासपात्र बन गया। उसने बताया कि पृथ्वीराज की शब्दबेधी बाण की दक्षता देखने योग्य है। उक्त प्रदर्शन के लिए दरबार लगाया गया जिसमें मोहम्मद ग़ोरी के सिंहासन से थोड़ी दूर एक ढोल रखा गया।

पृथ्वीराज के हाथ में तीर-कमान दिए गए। अनुचर ने बताया कि राजा मोहम्मद ग़ोरी का सिंहासन यहाँ से 20 मीटर सामने, फिर 5 मीटर बाईं ओर है। सिंहासन के दाहिनी ओर 7 मीटर की दूरी पर ढोल है*।

ढोल पर थाप दी गई। उसकी आवाज़ से पृथ्वीराज ने अनुमान लगाया कि राज-सिंहासन किस दिशा में होगा। उसी दिशा में तीर चलाया। तीर निशाने पर बैठा। मोहम्मद ग़ोरी वहीं ढेर होकर रह गया।

(3) जज, ''क्या तुम निश्चित रूप से कह सकते हो कि अभियुक्त का चरित्र अच्छा नहीं है?''

गवाह, ''जी हाँ।''

जज, ''तुम्हें कैसे मालूम?''

गवाह, ''मैंने सुना है।''

जज, ''सुनी सुनाई बात का क्या भरोसा?''

यह सुनकर गवाह ने बहुत जोर का ठहाका मारा। जज ने कहा, ''क्या तुम नहीं सपझ रहे हो कि तुमने न्यायालय का अपमान किया है?''

गवाह, ''वह कैसे?''

जज, ''अदालत में इतने जोर से नहीं हंसना चाहिए।''

गवाह, ''आपको कैसे पता चला कि मैं जोर से हँसा हूँ।''

जज, ''मैंने अपने कानों से सुना है!''

गवाह, ''सुनी सुनाई बात का क्या भरोसा?''

7.6. घ्राण : कुछ लोगों की घ्राण शक्ति बहुत तीव्र होती है। जिन्हें इत्र लगाने का शौक़ होता है, वे तुरंत बता देते हैं कि फुरेरी में कौन-सा इत्र है। यहाँ तक तो गनीमत है, परंतु कुछ

* घटना सत्य है किंतु आंकड़े काल्पनिक हैं।

लोग यह भी बता देते हैं कि गुलाब के इत्र की फरेरी पर इत्र हिना लगाया हुआ है।

एक इत्र फरोश ने एक नवाब साहब का नाम सुन रखा था। उनके घर अपना सबसे बढ़िया इत्र लेकर पहुँचा। सूँघकर नवाब साहब बहुत बिगड़े। बोले, ''यह क्या गोबर ले आए हो? यह चीज़ हमारे योग्य है?''

इत्र फरोश ने कहा, ''हुजूर, अगली बार बहुत बढ़िया चीज़ लाऊँगा।''

अगली बार उसने रूई पर गोबर लपेटकर उसकी फरेरी बनाई। फिर उस पर कोई साधारण-सा इत्र छिड़ककर नवाब साहब के पास ले गया। नवाब साहब सूंघकर बोलें, ''हाँ! यह इत्र वास्तव में बढ़िया है।''

इत्र फरोश दिल में सोचने लगा, ''ये हज़रत्त गोबर के योग्य ही थे।''

हम भारतीय मिर्च मसालों के बड़े शौकीन होते हैं। लंदन की गॉवर स्ट्रीट में एक हिंदुस्तानी छात्र-गृह है जिसमें भारतीय भोजन बनता है। उसकी गंध दूर-दूर तक जाती है। एक बार एक हिंदुस्तानी छात्र पुलिसमैन के पास पहुँचा और उससे हिंदुस्तानी छात्र-गृह का पता पूछने लगा। उक्त गृह दूर नहीं था। पुलिसमैन ने कहा, ''देखो, वह जो आगे की तरफ एक ऊँची इमारत है। बस वहाँ पहुँच जाओ।''

छात्र, ''क्या वहाँ पहुँचते ही उक्त गृह दिखाई दे जाएगा?''

पुलिसमैन, ''दिखाई देने का प्रश्न ही नहीं है। तुम उसे सूंघकर पहचान लोगे।''

7.7. **रसना :** रसना से हमें रस का ज्ञान होता है। इसका संबंध हमारे खान-पान से है। हमारे संस्कार बहुत कुछ हमारे भोजन पर निर्भर करते हैं। अंग्रेजी की एक लोकोक्ति है जिसका अर्थ यह है कि ''हम क्या हैं, यह इस बात पर निर्भर है कि हम क्या खाते हैं।''

मैंने बहुत बार इस बात पर विचार किया कि अंग्रेजी के शब्द वेजिटेरियन (Vegetarian) और नॉन-वेजिटेरियन (Non-Vegetarian) दोनों गलत हैं। जब मैं अमेरिका में था, प्रायः प्रतिदिन वेजिटेबुल सूप (Vegetable Soup) का एक टिन (गत्ते का डब्बा) लाया करता था। मैं उसे प्रतिदिन गरम करके खा लिया करता था। एक दिन मुझे संदेह हो गया कि उसमें मांस के टुकड़े हैं। मैंने जाकर दुकानदार से शिकायत की। उसने कहा कि वेजिटेबुल सूप (Vegetable Soup) में तो मांस के टुकड़े रहते हैं। यदि आपको बिना मांस का सूप चाहिए तो वेजिटेरियन वेजिटेबुल सूप (Vegetarian Vegetable Soup) ले जाइए। उसमें मांस के टुकड़े कदापि नहीं होंगे। नॉन वेजिटेरियन (Non-Vegetarian) का अर्थ होगा अशाकाहारी, अर्थात् जो शाक न खाता हो। किंतु क्या मांसाहारी लोग साग-सब्जी नहीं खाते। वास्तव में हमारी तत्संबंधी शब्दावली यह होनी चाहिए :

Meat-Eater मांसाहारी
Non-Meat-Eater अमांसाहारी

किसी भोजन विशेषज्ञ ने ठीक ही कहा है कि ''भोजन करो इस्लामी ढंग का, उसे पकाओ हिंदू ढंग से।''

कहते हैं कि मांस जैसा स्वादिष्ट भोजन कोई नहीं होता। और उसमें विविधता भी बहुत होती है– मुर्ग मुसल्लम, शामी कबाब, रोगनजोश, बिरियानी आदि। यदि हिंदुओं की कोई खाद्य वस्तु मांस जैसी स्वादिष्ट होती है तो केवल उड़द की दाल। मेरे कुछ मुसलमान दोस्तों ने मुझसे कहा भी, ''यदि तुम माश (उड़द) की दाल खाते हो तो तुम्हें मांस खाने की क्या आवश्यकता है ?''.

एक बात याद आई। एक बार हम लोग दस-बारह व्यक्ति गंगा किनारे गोठ (पिकनिक) के लिए गए। वहाँ जाकर दो अहरे लगा दिए। एक में बाटियाँ रख दीं, दूसरे में एक हंडिया में उड़द की दाल चढ़ा दी। जब हंडिया का पानी सूख गया, तब उसमें एक लोटा पानी छोड़ दिया। फिर पानी सूख गया, फिर उसमें एक लोटा पानी डाल दिया। इसी प्रकार एक हंडिया में 16 लोटे पानी खपा दिया। फिर जो हंडिया उतारी तो उसकी दाल इतनी स्वादिष्ट हो गई थी कि हम सब लोगों ने उंगलियाँ चाट-चाटकर खाई।

हिंदू घरानों में स्त्रियों की खाना पकाने की धोती अलग रहती है। वह धोकर, सुखाकर अलग रख दी जाती है। उसे कोई दूसरा व्यक्ति छू भी नहीं सकता। उसे ''सुच्ची धोती'' कहते हैं।

भोजन पकाने के बरतन अलग रहते हैं। भोजन पकाने का स्थान सुरक्षित रहता है। उसके अंदर कोई गंदा कपड़ा पहनकर नहीं जा सकता। आजकल उसका भग्नावशेष इस रूप में रह गया है कि उस स्थान के चारों ओर एक लकीर काढ़ दी जाती है। वह ऐसी ''लक्ष्मण रेखा'' है कि उसे खाना पकाने वाली स्त्री के अतिरिक्त कोई लांघ नहीं सकता। प्राचीन ढंग तो यह था कि खाना खाने के भी चौके बने रहते थे। घर का प्रत्येक सदस्य धुली धोती पहनकर अलग एक चौके में बैठकर खाता था। विचार यही था कि पूरे रसोई घर का वातावरण शुद्ध रहे।

अब रहा खाने का ढंग। आधुनिक ढंग यह है कि कुर्सी मेज़ पर बैठकर खाना खाते हैं। भोजन कक्ष अलग होता है, जिसके बीच में एक लंबी मेज़ रहती है, उसके चारों ओर सामान्यतः छह या आठ कुर्सियाँ रखी रहती हैं। मेज़ के केंद्र में डोंगों में दाल, सब्जी, चावल, रोटी आदि रखे रहते हैं। अपनी इच्छानुसार खाद्य पदार्थ अपनी थाली में परस लो। खाते समय रोचक बातें और कहानियाँ भी चलती रहती हैं।

इसी से मिलता-जुलता ढंग है बुफ़े (Buffet) का। इसका लोगों ने गलत अर्थ लगाया है कि ''खड़े-खड़े खाना।'' यह बुफ़े का अर्थ कदापि नहीं है। बुफ़े का सारभूत अर्थ यह है कि किसी की कुर्सी निश्चित नहीं होगी। बीच की मेज़ पर केवल खाद्य पदार्थ होंगे। कुर्सियाँ हॉल में या लॉन में, जहाँ भी बुफ़े हो, छितरी हुई रखी होंगी। कोई परसने वाला नहीं होगा। स्वयं इच्छानुसार परसिए और जहाँ चाहें वहाँ बैठकर या खड़े-खड़े खाइए। बस इतना ही।

आजकल यदि किसी को कोई जहरीला कुत्ता, जो सामान्यतः पागल होता है, काट लेता है तो उसके शरीर में विष फैल जाता है। पुराने समय में यौगिक क्रियाओं द्वारा उसका विष उतार दिया जाता था।

रजवाड़ों में विषकन्याएँ रखी जाती थीं। उन्हें बचपन से ही थोड़ी-थोड़ी मात्रा में विष

पिलाया जाता था। फिर किसी विषकन्या हो शत्रु के गढ़ में भेजा जाता था। वह शत्रु को रिझाकर वश में करती थी। शत्रु राजा जब उसके संसर्ग में आता था, तब उसके शरीर में भी विष प्रवेश कर जाता था और वह धीरे-धीरे अकाल मृत्यु को प्राप्त हो जाता था।

एक पौराणिक कथा है कि एक ब्राह्मण का पुत्र जब कुछ बड़ा हुआ तो उसने एक काठ की तलवार ली। माँ से कुछ गीला आटा माँगा। फिर आटे का पुतला बनाया और तलवार से उसका सिर काट डाला।

यही खेल उस लड़के ने कई बार किया। उसका पिता एक कट्टर कर्मकांडी ब्राह्मण था। उसने कहा, ''हैं! मेरे पुत्र में यह कसाई का संस्कार कहाँ से आया?'' वह अंदर गया और पत्नी का झोंटा पकड़कर बाहर ले आया और कहा, ''तू व्यभिचारिणी है।''

पत्नी बड़ी पतिव्रता थी। उसने बिरादरी के पंचों के सामने दुहाई दी। सरपंच महोदय बड़े अनुभवी थे। उन्होंने ब्राह्मण के घर आकर गहन पूछताछ की। पिछले तीन वर्ष के अंदर कहाँ-कहाँ गए थे, कहाँ ठहरे थे, कहाँ भोजन किया था इत्यादि। बड़ी खोजबीन के बाद यह तथ्य निकलकर सामने आए :

''लगभग तीन वर्ष पहले ब्राह्मण परिवार तीर्थाटन को गया था। उन दिनों ब्राह्मणी को दिन चढ़े हुए थे। एक स्थान पर एक रात ठहरे थे। पास का आटा समाप्त हो चुका था। दुकानें बंद हो चुकी थीं। पड़ोस में एक कसाई रहता था। उसके घर से थोड़ा-सा आटा मंगाकर रोटियाँ पकाई थीं। बस, सुराग हाथ में आ गया। उस आटे में उक्त कसाई के जीवन के संस्कार जुड़े हुए थे। उसी का यह परिणाम था कि ब्राह्मणी के गर्भ में उसके संस्कार आ गए।''

एक ऐतिहासिक घटना राजस्थान की है। एक योद्धा के दो वीर पुत्र थे। किसी युद्धाभ्यास में दोनों गए हुए थे। जिससे छद्मयुद्ध करना था, वह किसी कारणवश आया नहीं था। दर्शक इकट्ठे हो गए थे। सबने इन दोनों भाइयों से कहा, ''तुम लोग ही युद्ध कौशल दिखाओ।'' दोनों राजपूती आनबान के साथ एक-दूसरे से लड़ने लगे।

लड़ते-लड़ते दोनों पस्त हो गए। अंत में दोनों ने एक-दूसरे की गर्दन साफ कर दी। दोनों को ''नरमुंड युद्ध'' का कौशल आता था। अर्थात् गर्दन कटने के बाद भी थोड़ी देर तक उनके शरीर चलते रहते थे।

गर्दन कटने के बाद एक ने तलवार म्यान में रख ली और डोर उसके चारों ओर लपेट दी। तब उसके प्राण निकले। दूसरे ने भी तलवार तो म्यान में रख दी किंतु डोर नहीं लपेट पाया कि बेदम होकर गिर पड़ा।

किसी ने यह हाल उसके पिता को सुनाया तो वह आपे से बाहर हो गया। बोला, ''हैं, मेरे पुत्र की वीरता में यह कमी कहाँ से आ गई।'' दौड़ा हुआ अपनी पत्नी के पास पहुँचा और पूछा, ''बोलो, इस कायरता में क्या रहस्य है? मेरा रक्त इस प्रकार राजपूती शान में बट्टा लगाए!''

पत्नी बोली, ''ऐसा होना असंभव-सा है। किंतु यदि मेरे किसी पुत्र ने किया है, तो छोटे ने ही किया होगा। बड़ा पुत्र तो ऐसा कर ही नहीं सकता।''

पति के कुरेद-कुरेद कर पूछने पर उसने बताया, "एक बार मैं कहीं गई थी। छोटे लड़के को दाई के पास छोड़ गई थी। किसी ने जाकर मुझसे कहा कि बच्चा रो रहा है और दाई उसे अपना दूध पिला रही है। मैं दौड़ी-दौड़ी आई। मैंने देखा कि बच्चा दाई के स्तन को मुँह दे रहा है। मैंने तुरत बच्चे को छीनकर उलटा कर दिया और उसके मुँह से दूध निकाल दिया। किंतु फिर भी संभव है कि दाई के दूध की दो-एक बूँदें उसके पेट में रह गई हों, जिनके कारण आज मुझे लज्जित होना पड़ा रहा है।"

बात सच्ची थी। वह कृत्य छोटे पुत्र का ही था। यह है रसना का चमत्कार।

एक व्यक्ति किसी के घर पहली बार अतिथि होकर गया। उसकी खुराक बहुत अच्छी थी। जब खाने बैठा, थोड़ी-सी दाल में चावल मिला लिए और खाने लगा। अंत में थोड़ी-सी दाल छोड़ दी। उसमें मिलाने के लिए चावल माँगे। दोनों को मिलाकर खाया और इस बार थोड़े से चावल छोड़ दिए। फिर दाल माँगी। इसी प्रकार न जाने कितनी बार किया। आतिथेय महोदय तंग आ गए। उस व्यक्ति से पीछा छुड़ाने की सोचने लगे। एक तरकीब समझ में आई। कुछ परिवारों में भोजन के अंत में पापड़ परसा जाता है। आतिथेय महोदय ने अतिथि की पत्तल पर पापड़ रख दिया। फिर आशा करने लगे कि अब यह समझ जाएगा, और पापड़ खाकर उठ जाएगा।

किंतु पापड़ देखते ही अतिथि ने आतिथेय के पैर पकड़ लिए और बोला, "आप महान हैं। मेरी माँ तो मुझे बचपन से खिलाती आ रही हैं। वे जब जान लेती हैं कि अब मैं आधे पेट खाना खा चुका, तो मुझे पापड़ खिलाती हैं। किंतु आपने तो मुझे पहली बार देखा है। आपको कैसे पता चल गया कि अब मैं आधे पेट खाना खा चुका?"

7.8. त्वचा : त्वचा से स्पर्श ज्ञान होता है। पुराने समय में थर्मामीटर और रक्त चाप मापक तो होते नहीं थे। वैद्य लोग नब्ज़ से ही रोग का निदान करते थे। और अनुभवी वैद्यों का निदान प्रायः ठीक ही हुआ करता था। कुछ वैद्य तो स्त्री की नब्ज देखकर, प्रारंभिक अवस्था में ही गर्भ का पता चला लेते थे।

कट्टरपंथी घरानों की स्त्रियाँ घोर पर्दे में रहा करती थीं। वे वैद्यों और हकीमों को भी नब्ज़ दिखाने को राज़ी नहीं होती थीं। उनके हाथ में एक डोरा बाँध दिया जाता था, और डोरे का दूसरा सिरा वैद्य जी को पकड़ा दिया जाता था। डोरे को हाथ में लेकर ही वैद्य जी रोग का निदान कर लिया करते थे।

एक बार किसी ने वैद्य जी की परीक्षा लेनी चाही। उनके हाथ में एक डोरा थमा दिया गया और उनसे कहा गया कि रोग का निदान करके नुस्खा लिख दें। वैद्य जी ने नुस्खा लिख दिया। उसे लोगों ने पढ़ा, "अमरूद के पत्ते और गुलाब के काँटे खिलाइए।"

यह बात किसी को मालूम नहीं थी कि घर के मालिक ने किस स्त्री के हाथ में डोरा बाँधा था। बाद में पता चला कि डोरा एक बकरी के पैर में बाँधा गया था। गृह स्वामी ने सोचा था कि वैद्य जी को मूर्ख बना लें किंतु स्वयं ही मात खा गए।

कहते हैं कि सम्राट अकबर की एक रानी एक बार बहुत बीमार पड़ीं। बहुत से वैद्यों ने

इलाज किया, किंतु ठीक न हो पाईं। लेने-के-देने पड़ गए। तब सम्राट के निजी हकीम को बुलाया गया। रानी कट्टर हिंदू थीं। उन्होंने कहा, ''विधर्मी हकीम से इलाज नहीं कराऊँगी, मर भले ही जाऊँ।'' बहुत समझाने-बुझाने पर इस शर्त पर राज़ी हुई कि ''न मैं इसकी दवा खाऊँगी, न पियूँगी, न शरीर पर मलूँगी। ऐसे ही इलाज करना हो तो करें।''

हकीम जी ने बाल धूप में सफेद नहीं किए थे। उन्होंने एक विशेष प्रकार की दवा तैयार की। फिर रोगिणी के पास उस दवा को अग्नि में डालकर हवन कर दिया। उसका धुआँ सारे कमरे में फैल गया और रोगिणी के शरीर में लगा। उसे ढेरों पसीना आया और दो-तीन बार के उपचार से रानी भली चंगी हो गईं।

जो बच्चे नेत्रहीन होते हैं उनका स्पर्श ज्ञान विकसित किया जाता है। उभरी हुई बिंदियों की लिपि तैयार की गई है जिसे ब्रेल मेल कहते हैं। बच्चे बिंदियों पर उंगलियाँ रखकर वर्णों को पहचान लेते हैं। अब तो उक्त लिपि का बहुत-सा साहित्य इकट्ठा हो गया है।

मक्खियों का स्पर्श ज्ञान बहुत तेज़ होता है। मेज़ पर कोई मक्खी बैठी हो। आप उसे खुरचनी से मारना चाहें तो नहीं मार सकते। ज्यों ही आप खुरचनी को चलाएँगे, हवा के स्पर्श से मक्खी को पता चल जाएगा और वह उड़ जाएगी। किंतु झरने से (छननी से) प्रयत्न कीजिए तो तुरंत मर जाएगी। कारण, झरने के छेदों में से अधिकांश हवा निकल जाएगी और मक्खी को झरने के आगमन का पता नहीं चल पाएगा।

कई प्रकार की मछलियों को अपने शत्रु के आगमन का पता इसी प्रकार चलता है। उनका शत्रु तैरकर चलता है तो पानी में लहरें उठती हैं। उक्त लहरें इतनी हल्की होती हैं कि सामान्य मनुष्य को उनका आभास नहीं होता, किंतु मछलियों को भान हो जाता है।

जंगल में एक शेर चल रहा है। सामने से एक हिरन चौकड़ी भरता हुआ आ रहा है। शेर को काफी दूर से पता चल जाएगा कि हिरन किस दिशा से आ रहा है, और अभी कितनी दूर है। उक्त स्थिति में शेर की स्पर्शेंद्रिय और घ्राणेंद्रिय दोनों काम करेंगी।

और राडार (Radar) क्या है ? हमारी स्पर्शेंद्रिय का ही तो विकसित रूप है। हम हवा के स्पर्श से ही तो पता चलाते हैं कि अमुक वायुयान किस दिशा में कितने वेग से आ रहा है, और अभी यहाँ से कितनी दूर है।

7.9. जो वस्तुएं हम अपने सामने देखते हैं उनका अनुभव तो प्रत्यक्ष रूप से कर लेते हैं किंतु सारी वस्तुएं ऐसी नहीं होतीं जो हरेक को देखना नसीब हों। हिंदुस्तान के कितने निवासी ऐसे हैं जिन्होंने अमेरिका का न्याग्रा प्रपात या हॉलीवुड देखा हो। तब ऐसी वस्तुओं के विषय में तो हमें दूसरों के अनुभव पर ही निर्भर होना पड़ेगा। कुछ लोग कदाचित मिल जाएँ, जिन्होंने ये वस्तुएँ देखी हों और हमें उनका वर्णन सुना दें। किंतु ऐसे व्यक्तियों का मिल जाना भी आसान नहीं है। तब हमें पुस्तकों, लेखों, चित्रों, फिल्मों आदि का सहारा लेना पड़ेगा।

(क) रामचरित मानस में पुष्पवाटिका का प्रसंग आता है जब सीता जी गौरी पूजन के

लिए आती हैं। उधर राम और लक्ष्मण गुरु विश्वामित्र की पूजा के लिए फूल तोड़ने आते हैं। सीता जी की एक सखी आगे बढ़कर दोनों राजकुमारों के दर्शन कर लेती है और मंत्रमुग्ध होकर मानो सुधबुध खो बैठती है। उसकी दशा देखकर सखियाँ पूछती हैं कि उसे हो क्या गया है। तुलसीदास जी उक्त स्थिति का वर्णन इस प्रकार करते हैं :

"तासु दसा देखी सखिन्ह, पुलक गात जल नैन।
कहु, कारन, निज हरष कर, पूछहिं सब मृदु बैन।।
देखन बाग कुंवर दुई आए। बय किसोर सब भाँति सुहाए।
स्याम गौर किमि कहौं बखानी। गिरा अनयन, नयन बिनु बानी।।"

अर्थात्, "दोनों भाइयों के रूप का वर्णन किस प्रकार करूँ ? जो आंखों ने देखा है, वह वर्णन कर नहीं सकती क्योंकि ईश्वर ने आंखों को जुबान नहीं दी और जीभ किस प्रकार बखान करे क्योंकि उसके पास देखने के लिए आंखें नहीं हैं।" इससे सुंदर वर्णन कदाचित हो ही नहीं सकता था। यह परानुभव नहीं तो और क्या है ?

(ख) एक बार एक अंधा किसी व्यक्ति के साथ जा रहा था। वह व्यक्ति बोला, "मुझे भूख लगी है। मैं दूध पीना चाहता हूँ।"

अंधा, "भूख तो मैं समझता हूँ, किंतु दूध किसे कहते हैं ?"

व्यक्ति, "दूध सफेद रंग का एक पेय पदार्थ होता है।"

अंधा, "पेय पदार्थ मैं समझता हूँ किंतु सफेद किसे कहते हैं ?"

वह व्यक्ति जाति विभेदक से मिलती-जुलती परिभाषा देने लगा। उसने कहा, "सफेद, सारस के परों का रंग होता है।"

अंधा, "पर मैं समझता हूँ, किंतु "सारस" क्या होता है ?"

व्यक्ति, "सारस एक पक्षी होता है जिसकी गर्दन टेढ़ी होती है।"

अंधा, "पक्षी मैं समझता हूँ किंतु टेढ़ी किसे कहते हैं ?"

वह व्यक्ति बोला, "अपना हाथ इधर लाओ। मैं तुम्हें समझाता हूँ।"

यह कहकर उसने अंधे का हाथ अपने हाथ में लिया और "टेढ़ी" का अर्थ समझाने के लिए उसे मोड़ने लगा। थोड़ी देर तक तो अंधे ने सहन किया। जब असह्य हो गया तो बोला, "बस, बस, बस। अब मैं टेढ़ी का अर्थ भी समझ गया और दूध का भी।"

(ग) आयो हुतो नियरे रसखानि, कहा कहौं तू न गई वहि ठैंया।
या ब्रज में सिगरी वनिता, जिमि वारति प्राणनि लेत बलैया।
कोऊ न काहू की कानि करै, कछु चेटक सो कछु करो जदुरैया।
गाइगो तानि, लगाइगो नेह, रिझाइगो प्राण, चराइगो गैया।।

8. अर्थ की प्रतीति

8.1. हम पिछले अध्याय में बता चुके हैं कि अर्थ की प्रतीति किस प्रकार होती है। क्या कारण है कि जब हम "भैंस" शब्द पढ़ते हैं, तब उस काले पशु का ध्यान ही आता है, कबूतर का ध्यान क्यों नहीं आता अथवा चुंगी की लालटेन का ध्यान क्यों नहीं आता ? इससे निष्कर्ष यह निकला कि "भैंस" पद और "भैंस" पशु में कोई संबंध है। उक्त संबंध नैसर्गिक नहीं है, हमारा बनाया हुआ है, कृत्रिम है।

"फ़िराक़" अक्सर बदलकर भेस, मिलता है कोई काफ़िर।
कभी हम जाने लेते हैं, कभी पहचान लेते हैं।।

जंगल में एक जुलाहा जा रहा था। कांधे पर अटेरन थी और हाथ में तकली लटक रही थी। झुटपुटा हो चला था। सामने से एक गीदड़ आ रहा था। अंधेरे में जुलाहे ने समझा कि शेर आ रहा है। सोचा, "आज मारे गए।"

गीदड़ को ऐसा भान हुआ कि कांधे पर धनुष और हाथ में बाण लिए कोई शिकारी आ रहा है। सोचा, "आज गई जान।"

गीदड़ ने सोचा कि आज चापलूसी से काम लेना चाहिए। कदाचित इसको दया आ जाए। बोला :

"कांधे धनुष, हाथ धरि बाना।
कहाँ चले दिल्ली पति राना।।"

जुलाहे ने सोचा, "जब यह मुझे राजकुमार कह रहा है, तो मैं भी इसे कोई ऊँचा पीढ़ा क्यों न दूँ।" गीदड़ से बोला :

"वन के राव, विकट के राना।
आखिर, बड़े बड़िन पहचाना।।"

हम किसी पद का संबंध किसी वस्तु अथवा प्राणी से लगाते हैं। इस संबंध को संकेतगृह कहते हैं। संकेतगृह का आधार हमारा अनुभव है। यह संकेतगृह होता कैसे है ? अब हम इसी समस्या का विवेचन करेंगे।

8.2. अर्थ प्रतीति के साधक तत्व : अर्थ प्रतीति के आठ साधक तत्व माने गए हैं : (1) व्यवहार (2) आप्तवाक्य (3) उपमान (4) प्रकरण (5) विवृति (6) सन्निधि (7) व्याकरण (8) कोश।

8.2.1. व्यवहार : बच्चे का सबसे पहला शिक्षक उसकी माँ होती है । वह इशारा करके बच्चे को बताती है : यह अम्मा हैं, यह पिता हैं । इसी प्रकार घर के सारे स्वजनों से उसका परिचय कराती है । इसके बाद घर, खिलौने, मेज, कुर्सी आदि से उसका परिचय होता है । यों बच्चे का प्रथम शिक्षालय उसका घर ही होता है । बच्चा देखकर, छूकर (जैसे मेज, कुर्सी) हाथ में लेकर (जैसे खिलौना) ज्ञान प्राप्त करता है ।

(क) बच्चों की एक पुरानी पाठ्य पुस्तक में चार अंधों की कहानी आती है । चार अंधों को एक हाथी के पास ले जाकर खड़ा कर दिया गया और कहा कि "इसे छूकर बताओ कि हाथी कैसा होता है ।"

जो अंधा हाथी की एक टांग के पास खड़ा था, उसने टांग को टटोल कर कहा, "हाथी तो एक मूसल के समान है ।" जो अंधा हाथी की सूंड़ के पास खड़ा था, उसने बताया, "हाथी एक बहुत मोटे रस्से जैसा है ।" जो व्यक्ति हाथी के एक कान के पास खड़ा था, उसने कहा, "हाथी एक छाज की समान है ।" जो अंधा हाथी की पूंछ के पास था, उसने कहा "हाथी एक कूंची जैसा है ।"

अपने-अपने हिसाब से चारों का उत्तर ठीक था । प्रत्येक ने हाथी के शरीर का एक भाग ही टटोला था किंतु पूरा हाथी उनमें से न किसी ने टटोला था, न देखा ।

(ख) एक मास्टर साहब अपनी कक्षा में बता रहे थे My Head माने "मेरा सिर ।"

इतने में प्रधानाध्यापक आ गए । उन्होंने एक लड़के से पूछा "My Head का मतलब ?"

लड़का बोला "मास्टर साहब का सिर ।"

प्रधानाध्यापक बिगड़ कर बोले, "मास्टर साहब का सिर नहीं, मेरा सिर ।"

अगले दिन निरीक्षक महोदय उसी कक्षा में पहुंचे और संयोग से एक लड़के से वही प्रश्न किया ।

लड़का बोला, "My Head" का पहला अर्थ है मास्टर साहब का सिर । दूसरा अर्थ है प्रधानाध्यापक का सिर ।"

निरीक्षक बोले, "दोनों अर्थ गलत हैं । My Head माने "मेरा सिर ।"

8.2.2. आप्त वाक्य : कुछ बातें ऐसी होती हैं जिन्हें व्यवहार द्वारा जाना जा सकता है, जैसे, ईश्वर, आत्मा, पाप, पुण्य आदि । इनकी जानकारी के लिए हमें ज्ञानियों और कवियों पर ही निर्भर होना पड़ता है ।

हमारे पूर्वजों ने अपना बहुत-सा अनुभव सूक्तियों के रूप में सुरक्षित रख छोड़ा है । हमें इनमें भी लाभ होता है । ये जीवन व्यापार में हमारा मार्गदर्शन करती हैं । हम यहाँ दो-चार सूक्तियाँ देते हैं :

(क) ठंडा खाए, साए - सोए, ताके वैद्य पिछवाड़े रोए ।

मतलब यह कि खाना बहुत गरम मत खाओ, और छत के नीचे सोओ। बिलकुल खुले में मत सोओ तो कभी बीमार नहीं पड़ोगे।

(ख) जिसके बड़े बिछाई खाट, उसका कुनबा बारह बाट।।

(ग) आम खाए डाल का, पानी पिए ताल का।

(घ) क़ठोपनिषद् की तीसरी वल्ली में ये श्लोक आते हैं:

आत्मानं रथिनं विद्धि रथमेव तु।
बुद्धिं तु सारथिं विद्धि मनः प्रग्रहमैव च।। 3।।
इन्द्रियाणि ह्यानाहुर्विषयां स्तेषुगोचरान।
आत्मेन्द्रिय मनोयुक्तं भोक्तेन्या दुर्ग नीषिणः।। 4।।
यदत्व विज्ञानवान्भत्यक्तेन मनसा सदा।
तस्येन्द्रियाण्यंवश्यति दृष्टाश्वा इव सारथे।। 5।।
यस्तु विज्ञानवान्भवति युक्तेन मनसा सदा।
तस्येन्द्रियाणि वश्यानि सदश्वा इव सारथैः
यदत्वविज्ञानंवान्भवत्यमनस्का सदा शुहिचः।
नस तत्पध्याप्नोति संसारं वाधिगच्छति।। 7।।
यस्तु विज्ञानवान्भवति समनस्कः सदाशुचिः।
सतु तत्पदमाप्नोति यस्माद्भूयो·न जायते।। 8।।
विज्ञान सारथियेस्तु, मनः प्रग्रहवालरः
सो ध्वनः परमाप्नोति तद्विष्णोः परम पदम्।।9।।

भावार्थ, आत्मा यात्री है, शरीर उसका रथ है। इन्द्रिया रथ को खींचने वाले घोड़े हैं। बुद्धि उन घोड़ों को चलाने वाला सारथि है और वह मन को लगाम के तौर पर बरतती है। सारथि का काम है कि सावधान रहे और देखे कि घोड़े सीधे मार्ग पर चलते हैं, उन्हें लगाम की सहायता से मार्ग से इधर-उधर न जाने दे। घोड़ों में अपनी तो इतनी समझ नहीं, और मार्ग भी सीधा नहीं। इसमें प्रलोभनों की कमी नहीं। सारा मार्ग विषयों का ही बना है। बुद्धि सावधान न हो और मन बेपरवाह हो तो संभव है घोड़े मार्ग से भटककर खड्ड में जा गिरें और अपने साथ सारथि और रथ के स्वामी को भी ले जाए। ऐसा न हो तो भी वह भोगों में फंसे गंतव्य की ओर तो बढ़ेंगे ही नहीं। यात्री के लिए कल्याणकारी यही है कि वह अपनी बुद्धि और मन की सहायता से इंद्रियों को वश में रखे। जो पुरुष ज्ञानवान हैं, जिसका मन बेपरवाह नहीं, वह गतव्य स्थान को पहुच जाता है। जिसमें वह गुण नहीं, उसका जीवन कहने को तो कट जाता है, परंतु किसी उद्देश्य की सिद्धि के बिना ही व्यतीत हो जाता है।

(कठोपनिषद् : दीवान चंद)

8.2.3. उपमान : उपमान का अर्थ है "सादृश्य"। कोशों के अनुसार "अष्टपदी" कहते हैं मकड़ी को। क्योंकि उसके आठ पैर होते हैं। इसके सादृश्य पर कोई विद्यार्थी जो गणित की

शिक्षा आरंभ कर रहा है, ''अष्टभुज'' का अर्थ लगाएगा ''आठ भुजाओं वाली आकृति'' और इस शब्द का यही अर्थ है भी।

दस्यु का अर्थ है ''डाकू''। इस प्रकार ''जलदस्यु'' का अर्थ निकल आया ''समुद्री डाकू।''

एक और उदाहरण, तथा कथित ''पाइथागोरस का प्रमेय'' स्कूल ज्यामिति का एक प्रमेय है : ''किसी समकोण त्रिभुज के कर्ण का वर्ग, शेष दोनों भुजाओं के वर्ग के योग के बराबर होता है।''

ज्यामिति के बहुत से यूरोपीय लेखकों ने इसका नाम ''पाइथागोरस का प्रमेय'' रखा है। तथ्य यह है कि भारत के शुल्ब सूत्रों में इसका उल्लेख पाइथागोरस के जन्म से सैकड़ों वर्ष पहले हो चुका था। स्मिथ ने अपने गणित के इतिहास के पृ. 79 पर लिखा है कि ''शुल्ब सूत्रों में पाइथागोरस के प्रमेय का आख्यान (Statement) स्पष्ट शब्दों में दिया है।''

प्राचीन समय में जो यज्ञ-वेदियां बनती थीं, वे विशिष्ट ज्यामितीय आकृतियों के रूप में होती थीं। उन वेदियों में दर्जनों स्थानों पर उक्त प्रमेय का प्रयोग मिलता है। एक वेदी ''दक्षिण वेदी'' कहलाती थी। उसका निर्माणकाल ऋग्वेद से भी पुराना है और ऋग्वेद का रचना काल 3000 ई. पू. बताया जाता है और पाइथागोरस का जीवन काल छठी शताब्दी ई. पू. था।

एक विलक्षण बात यह भी है कि पाइथागोरस ने उक्त प्रमेय की कोई उपपत्ति दी ही नहीं थी। उसकी मृत्यु के लगभग 500 वर्ष बाद दो व्यक्ति बातें कर रहे थे कि ''उक्त प्रमेय'' किस का निकाला हुआ है। उनमें से एक ने कहा, ''ज्यामितीय आकृतियों पर इस ढंग के कुछ प्रमेय पाइथागोरस ने निकाले थे। तो संभव है यह भी उसी ने निकाला हो।'' उसी दिन से उक्त प्रमेय पाइथागोरस के नाम से जुड़ गया। यूरोपीय इतिहासकारों ने भारतीय गणितज्ञों के साथ यह बड़ा भारी अन्याय किया है। उक्त प्रमेय का नाम ''शुल्ब प्रमेय'' होना चाहिए। इस विषय की अधिक जानकारी के लिए हम पाठकों का ध्यान इन पुस्तकों की ओर आकृष्ट करते हैं। (1) ब्रजमोहन : गणित का इतिहास : हिंदी समिति, उत्तर प्रदेश सरकार, लखनऊ, 1965. (2) B. B. Dutt : *The Science of the Sulba*, University of Calcutta, 1932.

पत्नी, ''क्यों जी, मेरी नई साड़ी तुम्हें कैसी लगती है?''

पति, ''जैसा मेरा चार महीने का वेतन।''

8.2.4. प्रकरण : अर्थ समझने के लिए प्रकरण बहुत ही शक्तिशाली साधन है। बहुत बार किसी अज्ञात शब्द का अर्थ इसकी सहायता से, बिना कोश का सहारा लिए समझ में आ जाता है।

(क) ''अंजन'' के कई अर्थ हैं जिनमें दो हैं : काजल और सर्प। ''नाक में उंगली, कान में तिनका मतकर, मतकर, मतकर; आंख में अंजन, दांत में मंजन, नितकर, नितकर, नितकर।'' स्पष्ट है कि यहां तो ''अंजन'' अर्थ काजल ही होगा। किंतु ''दीवार'' पर एक

अंजन रेंग रहा था, इसमें अंजन का अर्थ "सर्प" लिया जाएगा। यदि किसी पाठक को अंजन के इस अर्थ का पता नहीं है, वह भी इतना समझ जाएगा कि अंजन कोई रेंगनेवाला कीड़ा है।

(ख) किंतु प्रकरण का अर्थ भी समझदारी से लगाना चाहिए। एक आधुनिक विद्यार्थी यह सिद्ध करना चाहते थे कि कृष्ण जी के समय में लोग चाय पीते थे। अपनी बात के प्रमाण में उन्होंने कहा, "महाभारत में एक चौपाई आती है :

"गोप, वधू, टी, दुकूल चौरा"।

अर्थात् "गोपों की वधुएं नदियों के किनारों और चौपालों में टी (चाय) पिया करती थीं।"

8.2.5. विवृति (विवरण) : कभी-कभी तार्किक परिभाषा असंभव नहीं, तो दुष्कर अवश्य हो जाती है। अध्याय 5 की स्वनिर्मित परिभाषाएं, विशेषकर जननिक परिभाषाएं, इसी प्रकार की हैं। मान लीजिए हम एक लांबिक वर्तुल शंकु (Right Circular Cone) की परिभाषा देना चाहते हैं। यदि हम पथ (Locus) वाली परिभाषा देंगे तो बहुत से विद्यार्थियों के गले नहीं उतरेगी।

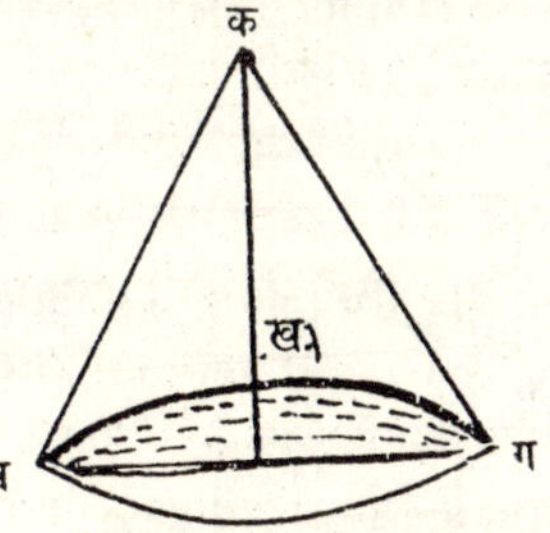

अब यह त्रिभुज क ख ग लीजिए जिसका एक कोण ख समकोण है। यह त्रिभुज आदि अपनी भुजा क ख के चारों ओर घूमता है तो वह एक ऐसा ठोस बनाएगा जिसे लांबिक वर्तुल शंकु कहते हैं। उसका अक्ष क ख होगा और आधार वह वृत होगा जिसका केंद्र ख और त्रिज्या ख ग है।

शंकर भगवान का वर्णन इस प्रकार किया जाता है : उनके सिर पर गंगा विराजमान है, ललाट पर चंद्रमा, गले में नाग। इसी विवरण से लोग समझ जाते हैं कि यह शंकर भगवान का चित्र खींचा जा रहा है। एक और उदाहरण लेते हैं :

जाके सिर मोर मुकुट, मेरे प्रभु सोई।.
शंख, चक्र, गदा, पद्म, कंठ भाल सोई।।

यह भगवान कृष्ण का विवरण नहीं तो और क्या है?

बचपन में सैकड़ों पहेलियां मैंने विवरणों के रूप में सुनी थीं। इनमें उत्तर के लिए कुछ अता-पता भी दिया जाता था। जैसे—

हरी थी, मन भरी थी, नौ लाख मोती जड़ी थी।
राजा जी के बाग़ में दुशाला ओढ़े खड़ी थी।।

एक मूर्ख, "यदि यह बता दो कि मेरे झोले में क्या है तो मैं इनमें से एक अंडा तुम्हें दे दूं।"

दूसरा मूर्ख, ''कठिन प्रश्न है, कोई और प्रश्न करो।''
पहला, ''यदि यह बता दो कि कितने हैं तो इसके दसों अंडे तुम्हीं को दे दूं।''
दूसरा ''कुछ अता-पता ?''
पहला. ''सफ़ेदी में ज़र्दी (पीलापन) है।''
दूसरा, ''मैं समझ गया, मूलियों में गाजरें हैं।''

8.2.6. सन्निधि : कभी-कभी पुस्तक या समाचार पढ़ते-पढ़ते कोई अज्ञात शब्द या पदबंध आ जाता है और उसके आगे-पीछे के शब्दों पर ध्यान देने से शब्द का अर्थ निकल जाता है। ''झाड़-झखाड़'' पदबंध पर विचार कीजिए। मान लीजिए हमें झंखाड़ शब्द के अर्थ मालूम हैं : (1) घनी, कांटेदार झाड़ी, (2) रद्दी वस्तुओं का ढेर।

यदि ''झाड़'' का अर्थ हमें नहीं भी मालूम है तो भी हम यही समझेंगे कि कोई बहुत तुच्छ वस्तु होगी। अतः हम समझते हैं कि ''झाड़-झंखाड़'' का अर्थ भी व्यर्थ की वस्तुओं का ढेर ही होगा। यह अर्थ ''झाड़'' के अर्थ से मेल भी खाता है क्योंकि कोशों में इसका अर्थ दिया है ''एक छोटा वृक्ष''।

यदि कोई बच्चा ''कीट'' का अर्थ ''कीड़ा'' जानता है तो कीट-पतंग में पतंग का अर्थ उड़ने वाली कनकैया नहीं लगाएगा, बस उड़ने वाला ''भुनगा'' लगाएगा.

सच पूछिए तो यह ''सन्निधि'' का साधन ''प्रकरण'' से तत्वतः भिन्न नहीं है। अधिकतर इनका प्रयोग ऐसे शब्दों के विषय में होता है जिनके अर्थ अनेक होते हैं। ''प्रकरण'' में उनके अर्थ ''संदर्भ'' से लगाने पड़ते हैं, ''सन्निधि'' में आगे-पीछे के किसी शब्द से, जिसका अर्थ ज्ञात होता है।

प्राचीन समय में हमारे देश में तीन ''राम'' हुए हैं। राम, बलराम, परशुराम। अतएव स्वाभाविक है कि एक ही सन्निधि से दूसरे का ध्यान आ जाए।

वर्तमान काल में तीन प्रसिद्ध राजनीतिज्ञ हुए हैं ? बालगंगाधर तिलक, बिपिनचंद्र पाल, लाला लाजपतराय। ये तीनों बाल, पाल, लाल के नाम से प्रसिद्ध थे। अतः यदि कोई एक का नाम लेगा तो शेष दोनों की याद आप-से-आप आ जाएगी।

हमारे देश में सावन, भादों के महीने वर्षा के लिए प्रसिद्ध हैं। हमने इस ढंग की पंक्तियाँ न जाने कितनी बार सुनी होगी : (क) सावन की घटा कारी-कारी छाई। (ख) सावन घन बरसे झूम-झूम। यह संसर्ग इतना दृढ़ हो गया है कि सावन को वर्षा का समानक मान लिया गया है।

झिलमिल सितारों का आंगन होगा,
रिमझिम बरसता सावन होगा।

अथवा

मेरी आंखें हैं जल भरा आंगन।
एक भादों है, दूसरी सावन।।

अर्थ की प्रतीति

अब एक-दूसरे प्रकार का उदाहरण लीजिए :

> "हैंरी तेरे लाल ?" "सखी, ऐसी निधि पाई कहां ?"
> "हैंरी, खगयान" कही, "हौं तो नहीं पाले हैं।।"
> "हैंरी, बनवारी ?" "ह्वैं हैं राम दाल मांहि कहूं"
> "हैंरी घनश्याम ?" कही "सीत सरसाले हैं।"
> "हैंरी सखी कृष्ण चन्द्र ?" "चन्द्र कहूं कृष्ण होत ?"
> तब हंसि राधे कहीं, "मोर पच्छ वारे हैं ?"
> श्याम को दुराय, चन्द्रावलि बहिर आए बोलो,
> "मेरे कैसे आएंगे जो तेरे पच्छा वारे हैं।"

पहली पंक्ति में "लाल" से राधा का तात्पर्य "कृष्ण जी" से था, किंतु चंद्रावलि चाहती थी कि "लाल" का अर्थ "रत्न" लिया जाए। "निधि" की सन्निधि में यही अर्थ निकलता है।

8.2.7. व्याकरण : बच्चों को इस प्रकार की भाषा का प्रयोग करते देखा गया है :

क्या पुस्तकें तुम के पास हैं ?
यह बाजा उसका है या तुमका ?

इन अशुद्धियों का पता कोश से नहीं चल सकता। यह काम व्याकरण का है। कोश में तो शब्द का मौलिक रूप ही रहता है। एक क्रियापद लीजिए, गाना। काल क्रम के अनुसार इसके ये तीन रूप तो सीधे-सीधे हो जाएंगे।

उसने गाया, वह गाता है, वह गाएगा।

इनमें से प्रत्येक के कई-कई कालभेद हो जाएंगे। परंतु हम उन्हें छोड़े देते हैं। लिंग-भेद से और भी दो रूप हो जाएंगे : उस (स्त्री) ने गाया, वह गाती है, वह गाएगी।

पुरुष-भेद और वचन-भेद से और भी अनेक रूप प्राप्त होंगे। ये सारे रूप कोश में नहीं दिए जाते। ये तो व्याकरण ही बताता है। इसी प्रकार जब तक कोई बताएगा नहीं, बच्चे को कैसे पता चलेगा कि "करना" का भूत काल "किया" है, "पूछना" का भूत काल "पूछा" है, "जाना" का भूत काल "गया" है, "सुनना" का भूत काल "सुना" है ? इस प्रकार हम देखते हैं कि अर्थ प्रतीति में व्याकरण का बड़ा योगदान होता है।

एक अधिकारी अपनी निजी सचिव से बोला, "दौलतराम ने हमारे बिल का भुगतान साल भर से नहीं किया है। उसको तगादे का एक पत्र लिखो।"

सचिव पत्र का प्रारूप बनाकर लाई। अधिकारी ने उसे पढ़ कर कहा, "अरे, यह तुमने क्या लिखा है। इतने सख़्त शब्द मत लिखो। नरम और शिष्ट भाषा का प्रयोग करो।"

सचिव ने कड़े शब्दों को बदलकर पत्र का प्रारूप बनाया, अधिकारी ने उसे पढ़कर कहा, "पहले से तो अच्छा है, किंतु क्या तुम इसे और भी शिष्ट और मृदु नहीं बना सकती ?"

सचिव तीसरी बार पत्र का प्रारूप तैयार करके लाई। उसे पढ़कर अधिकारी बोला, ''हां, अब पत्र की भाषा ठीक हुई। अब इसे टाइप कर लो, किंतु टाइप करने से पहले, इसकी दो गलतियां ठीक कर लो। इस पत्र में ''पाजी'' और ''नीच'' इन दोनों शब्दों का प्रयोग पुल्लिग रूप में होगा, स्त्रीलिंग रूप में नहीं।

8.2.8. कोश : किसी अज्ञात शब्द का अर्थ जानने का सबसे बढ़िया साधन है कोश। किसी भी विकसित भाषा में एक-एक शब्द के कई-कई अर्थ होते हैं। कोश का काम, उन सारे शब्दों का इकट्ठा करके देना है। उनमें से कुछ अर्थ बहुप्रचलित होते हैं, कुछ कम प्रचलित, कुछ अप्रचलित। सामान्यतः किसी भी बड़े कोश में ऐसे समस्त अर्थ दिए होते हैं। जैसे ''जलज'' के संज्ञा रूप में इतने अर्थ हैं : (1) कमल, (2) शंख, (3) मछली, (4) सिवार (शैवाल), (5) जलतंतु, (6) मोती। विशेष रूप में इसके और भी कई अर्थ हैं।

कोश इन सब अर्थों को एक स्थान पर रखेगा, किंतु यह नहीं बताएगा कि किस विशिष्ट स्थान पर कौन-सा अर्थ लगेगा। यह काम व्याकरण का है। यों समझिए कि कोश शब्द के अर्थ-पक्ष को व्यस्त करता है, व्याकरण उसके प्रयोग-पक्ष को।

ज्यों-ज्यों किसी भाषा का विकास होता है, उसका शब्दभंडार बढ़ता जाता है। कुछ शब्द वह दूसरी भाषाओं से ग्रहण करती है। कुछ तदर्थी शब्द उसमें समाविष्ट हो जाते हैं। बड़ी भाषा वही कहलाती है जिसका शब्दभंडार बड़ा हो। इसी प्रकार बड़े कोश का सबसे महत्त्वपूर्ण लक्षण यही है कि उसमें शब्दसंख्या अधिक हो। संप्रति हिंदी के बड़े कोशों में शब्दसंख्या लगभग 1,50,000 होती है।

एक लड़के ने अपने पिता जी से कहा कि ''यह एक नया कोश, बाजार में आया है। इसमें 5,000 नए शब्द हैं जिनमें से 300 नई गालियां हैं।'' पिता जी बोले, ''कोश तो अच्छा है किंतु इसे अपनी अम्मां के कमरे में मत रख देना।''

8.3. अर्थ प्रतीति में बाधक तत्व : समानाधिकरण्य का अभाव अर्थ प्रतीति का बाधक तत्व माना गया है। इसके कई रूप होते हैं, उनका विवरण नीचे दिया जा रहा है :

8.3.1. भाषिक समानाधिकरण्य : यदि वक्ता और श्रोता भिन्न-भिन्न भाषा-भाषी हों तो स्पष्ट है कि श्रोता वक्ता की बात नहीं समझ पाएगा। यदि हम किसी ऐसे व्यक्ति के सामने अंग्रेजी झाड़ने लगें जो अंग्रेजी से अनभिज्ञ हो तो वह क्या समझेगा।

हम लोग लगभग 150 वर्ष अंग्रेजों के राजनीतिक गुलाम रहे और हमारी राजभाषा अंग्रेजी रही। उसका एक कुपरिणाम यह हुआ है कि हम अपनी भाषा शुद्ध रूप में बोल ही नहीं सकते। हमारे प्रायः हर वाक्य में दो एक शब्द अंग्रेजी के आते हैं। इस ढंग के वाक्य आए दिन सुनने को मिलते हैं : (1) मेरा Letter drop कर देना। (2) उसके Father मेरे Uncle होते हैं। (3) Two hour late मैं भी वहां पहुंच गया।

अब तनिक इस वाक्य पर विचार कीजिए : मैं तो इस बात को Emphasize करता हूँ कि जब तक Country में dictatership नहीं होगी, तब तक Social reform का होना

impossible है। यह मनोवृत्ति हमारी मानसिक गुलामी की प्रतीक है।

जब हम विदेश जाते हैं जहां की भाषा हमारी भाषा से भिन्न हो तो दिन में न जाने कितनी बार कठिनाइयां उपस्थित होती हैं। एक बार का ज़िक्र है कि भारत की पश्चिमोत्तर सीमा के पास एक स्त्री दाल पीसकर, पकौड़े बनाकर, बेच रही थी। सीमा पार से एक ईरानी आया और उससे बातें करने लगा :

ईरानी, "कीस्ती ?", (तू क्या कर रही है ?)
स्त्री, "दाल पीसती।"
ईरानी, "चे में गोई" (तू क्या कहती है ?)
स्त्री, "तेल में भिगोई।"
ईरानी, "चे में बिगो ?" (तुम क्या कहती हो ?)
स्त्री, "पैसे में दो।"

8.3.2. बौद्धिक समानाधिकरण्य : कभी-कभी वक्ता और श्रोता की प्रकट रूप से एक ही भाषा होते हुए भी, एक दूसरे का अर्थ समझने में कठिनाई होती है। कारण यह है कि दोनों का बौद्धिक स्तर एक दूसरे से भिन्न होता है।

(1) किसी सभा में एक वक्ता का भाषण होने वाला है। सभा के अध्यक्ष इस प्रकार वक्ता का परिचय देते हैं :

"यदि मैं आज के लब्ध प्रतिष्ठ वक्ता का परिचय आपको दूं तो इसमें उनकी ख्याति का अनादर होगा।"

एक दूसरा व्यक्ति इसी बात को यों कहेगा, "आज के वक्ता को तो आप सभी जानते हैं। अतः इनका परिचय देना अनावश्यक है।"

कोई उर्दूविद कदाचित यों बोलेगा, "आज के तक़्कार तो इतने मारूफ़ हैं कि उनकी शख़्सियत किसी तआर्रूफ़ की मोहताज नहीं।"

ये तीनों व्यक्ति तीन भिन्न-भिन्न बौद्धिक स्तरों के प्रतिनिधि हैं। कुछ अपनी-अपनी शैली का भी अंतर होता है। एक लेखक लिखता है, "मेरे पत्र का उत्तर देना।" दूसरा लिखता है, "मेरे ख़त का जवाब देना।" प्रयत्न यही करना चाहिए कि जो बात हम कहना चाहते हैं, ऐसी भाषा में व्यक्त करें कि सामान्य पाठक भी समझ लें।

(2) अगर अपना कहा तुम आप ही समझे तो क्या समझे ?
मज़ा कहने का तब है, एक कहे और दूसरा समझे।

(3) प्रश्न : दर्शनशास्त्र (Philosophy) और तत्वज्ञान (Metaphysics) में क्या अंतर है ?

उत्तर : यदि दो व्यक्ति इन विषयों पर बातें कर रहे हों, तो जब तक एक दूसरे का मतलब समझते रहें, वे दर्शनशास्त्र की बातें कर रहे हैं।

प्रश्न : तत्वज्ञान कब आरंभ होता है ?

उत्तर : जब एक दूसरे का मतलब न समझ पाएं, समझो कि प्राथमिक तत्वज्ञान आरंभ हो गया ?

प्रश्न : उच्च तत्वज्ञान (Higher Metaphysics) कब आरंभ होता है ?

उत्तर : जब दोनों में से कोई स्वयं अपनी बात का भी मतलब न समझ पाए, समझो अब वे उच्च तत्वज्ञान पर पहुंच गए।

8.3.3. भावात्मक समानाधिकरण्य : वक्ता और श्रोता एक ही भावात्मक स्तर के होने चाहिए। किसी शुष्क दार्शनिक को कविता सुनाने से क्या लाभ ? जो लोग भक्ति रस में डूबे होते हैं, भक्ति की कविता सुनकर आनंद विभोर हो जाते हैं। तन, मन की सुधि भूल जाते हैं

(1) श्याम मिलन की बेरियां न आईं।
किस कंदरा में छिपे हो गुसाईं ?
× × ×
नाम तुम्हारा सुनते ही कान्हा,
कंठ रुंधा, अंखियां भरि आईं।।

(2) राधा और कृष्ण के मिलन का वर्णन रसखान ने यों किया है। ये पंक्तियां देश-प्रसिद्ध हो गई है :

छूटो लोक लाज, गृह काज, सन मोहिनी को,
मोहन को भूलि गयो मुरली बजाइबो।
अब रसखानि दिन में बात फैल जै है,
सजनी कहां लो चंद्र हाथन दुराइबो।
कालि ही कालिंदी तीर, चितए अचानक ही,
दोउन की ओर दोऊ मुरि मुस्काइबो।
दोऊ पड़े पैयां, दोऊ लेत हैं बलैयां
इन्हें भूलि गई गैयां, उन्हें गागर उठाइबो।

8.4. संकेत का विस्मरण : विस्मृति मनुष्य की एक ऐसी वृत्ति है जो शाप भी है, वरदान भी। समय बड़े-बड़े कष्टों को भुला देता है। यदि ऐसी न हो तो हमारा जीवन दूभर हो जाए। इसके विपरीत, कुछ बातें ऐसी हैं जिन्हें हम याद रखना चाहते हैं, किंतु भूल जाते हैं। कभी-कभी ऐसा प्रतीत होता है कि शब्द हमारी जुबान की नोक पर आते-आते रह जाते है। हम कितना भी याद करें, उपयुक्त समय पर याद नहीं आएगा। पर उसके तुरंत बाद याद आ जाएगा। "बिसरि गयो मम और सुभाऊ।"

एक कट्टर मुस्लिम परिवार था जिसके सब सदस्यों को सिखाया गया था कि जब कभी

किसी को छींक आए तो सारे उपस्थित लोग किसी-न-किसी रूप में अल्लाह का नाम ले लें। एक दिन परिवार के चार सदस्य बैठे हुए थे कि उनमें से एक को छींक आई। तुरंत बोला, "अज्तफरूल्लाह।" दूसरा बोला, "अल्हम्हुल्लाह।" तीसरे ने यह आवाज़ दी, "मुहम्मदुल्लाह।" चौथे को जल्दी में कोई उपयुक्त शब्द याद नहीं आया। तो बोला, "याद नहीं, अल्लाह।"

8.5. भ्रांति अर्थज्ञान : यदि एक बार किसी के मन में किसी शब्द के अर्थ के विषय में कोई गलत धारणा बन जाए, तो वह बड़ी कठिनाई से छूटती है। कुछ उदाहरण लीजिए : (क) मैं तो बड़ा उत्सव (उत्सुक) हूं कि अगली सभा मेरे घर पर हो। (ख) कोई "हरकत" (हर्ज) नहीं। यह प्रयोग दक्षिण के कुछ भागों में धड़ल्ले से चल रहा है।

8.6. दृढ़ता का अभाव : जब कोई बच्चा कोई भाषा सीखना आरंभ करता है तो उसे शब्दों के अर्थ रटाए जाते हैं : (क) पी-ओ-टी, पॉट = बरतन; सी-ओ-टी, कॉट = खाट; एच-ओ-टी, हॉट = गरम; (ख) टू = को, तक; टू = दोनों; टू = भी।

बहुत से लोग रटने के पश्चात् भी भूल जाते हैं। एक दुकानदार को कोई रोग हुआ तो ज्योतिषी ने उसे बताया कि वह "अघमोचन" (पाप निवारक) शब्द का जाप करे। छह घंटे निर्विघ्न रूप से जाप करना था। यदि किसी आवश्यक कारण से उसे कहीं जाना पड़े तो उतनी देर के लिए उसकी पत्नी जाप पर बैठ जाए, ऐसा विधान था।

बेचारा दुकानदार जाप करने लगा। कुछ समय बाद उसे हटना पड़ा तो उसने अपनी पत्नी को बिठा दिया, और उसे "अघमोचन" शब्द रटा दिया। थोड़ी देर तो वह ठीक प्रकार से जाप करती रही। तत्पश्चात् उसकी नाक पर मक्खी बैठ गई। उसे हटाने में वह जाप का शब्द भूल गई। विशेष शिक्षित तो थी नहीं। वह "लपोवन, लपोवन" कहने लगी।

कहीं से शिव जी और पारवती आ रहे थे। उन्होंने देखा कि एक स्त्री माला पर "लपोवन" का जाप कर रही है। पारवती जी बोली, "महाराज, यह किसका जाप कर रही है ?"

शिव, "यह भी मेरा ही जाप कर रही है।"

पारवती, "मैंने आपके बहुत से नाम सुने हैं, किंतु "लपोवन" नाम कभी नहीं सुना। यह तो किसी और का नाम जप रही है।"

शिव, "नहीं रानी, यह भी तेरा ही नाम है।"

पारवती जी न मानी। उन्होंने कहा, "मैं तो इसकी परीक्षा लूंगी।"

पारवती जी ने एक बुढ़िया का वेश धरा और जाकर उस स्त्री से पूछा "अय, तू किसका नाम जप रही है ?"

स्त्री को कहां अवकाश था कि उसकी बात का उत्तर देती। वह जाप करती रही।

बुढ़िया ने बार-बार वही प्रश्न किया, तो स्त्री झल्ला कर बोली, "जप रही हूं तेरे ख़सम का नाम, लपोवन, लपोवन ···।"

पारवती जी लौटकर शिव जी से बोली, "महाराज, उसने तो मुझे जाते ही पट्ट पहचान लिया।"

8.7. अतिदूरता : यदि वक्ता और श्रोता एक दूसरे से काफ़ी दूर हों तो भला वक्ता की आवाज़ श्रोता को किस प्रकार सुनाई देगी ? एक बार एक व्यंग्य चित्र देखा था जिसमें एक व्यक्ति मैदान में एक पेड़ के नीचे खड़ा है। एक बटोही उधर से जा रहा है। उससे पूछने लगा, "यहां क्यों खड़े हो ?" वह व्यक्ति बोला, "देखो, वह दूर पर मेरा रेडियो रक्खा है। मैं भूल गया हूं कि उसे कैसे बंद किया जाए, और कोई बौड़म उसमें व्याख्यान दे रहा है।"

किंतु आज के समय में दूरी का महत्व घटता जा रहा है। हम प्राचीन पुस्तकों में पढ़ा करते थे कि हमारे पूर्वज ऋषि सैकड़ों, हजारों किलोमीटर की दूरी से एक दूसरे से बातें कर लिया करते थे, तो हम ऐसी बातों की हंसी उड़ाया करते थे। किंतु रेडियो टेलीफोन ने आज इस प्रक्रिया को संभव बना दिया है। श्रीमती इंदिरा गांधी ने तो इसे व्यावहारिक रूप दे दिया था और तीन वैज्ञानिकों की एक-दूसरे से बातचीत करा दी थी, जिनमें से एक दिल्ली में बैठा था, दूसरा बंबई में, तीसरा मद्रास में।

फिर भी सामान्यतः यही प्रयत्न करना चाहिए कि वक्ता और श्रोता के मध्यस्थ उपयुक्त दूरी रहे।

8.8. अतिसमीपता : अतिदूरता की भांति ही अतिसमीपता भी अर्थ की प्रतीति में बाधक होती है। यदि ध्वनिवर्धक को हम अपने मुंह के बिलकुल समीप रखें तो आवाज़ भर्राने लगती है और हमें ठीक से सुनाई नहीं पड़ता।

हम किसी रेलवे लाइन के पास खड़े हैं। बगल से रेलगाड़ी निकल जाती है। थोड़ी देर तक तो उसकी प्रतिध्वनि सुनाई देती है, फिर बंद हो जाती है। किंतु दो-एक मिनट बाद फिर सुनाई देने लगती है। कारण यह है कि उसकी आवाज़ बादल से टकराकर लौटती है और हमारे पास तक पहुंचती है। जब तक गाड़ी बादल के ठीक नीचे रहेगी, उसकी ध्वनि टकराने के बाद भी ठीक नीचे ही रहेगी। जब गाड़ी कुछ और आगे निकल जाएगी और उसको बादल से जोड़ने वाली रेखा बादल से तिरछा कोण बनाएगी, तभी उसकी ध्वनि परावर्तित होकर हमारे पास तक पहुंच पाएगी।

एक व्यक्ति को कम सुनाई देने लगा था। डाक्टर ने इलाज किया और अंत में बोला, "आपकी अवस्था अधिक हो गई है। पूर्ण रूप से तो मैं आपकी श्रवण शक्ति को ठीक कर नहीं सका हूँ। आपके कान की बनावट विचित्र है। आप तभी सुन सकेंगे जब कोई आपके कान के पास आकर बोले और यदि एक कान से स्पष्ट सुनाई न दे तो दूसरे कान से सुनिएगा।"

अगले सप्ताह वह व्यक्ति डाक्टर के पास पहुंचा और बोला, "आपका बिल कितने का है ?

डॉक्टर दाहिने कान के पास से बोला, "3000 रुपए।"

रोगी की समझ में नहीं आया। तब बायां कान उसके पास ले जाकर बोला, "क्या कहा आपने ? 400 रुपए ?"

डॉक्टर, "नहीं, 500 रुपए।"

8.9. इंद्रियघात : यह आवश्यक है कि श्रोता की ज्ञानेंद्रियां ठीक काम कर रही हों। यदि उसकी आंखें ठीक काम न कर रही हों तो रंग का ज्ञान किस प्रकार कर सकेगा। इसी कारण रेलवे इंजन के चालक के पद पर किसी को नियुक्त करने से पहले कड़ी नेत्र परीक्षा होती है। अन्यथा, वह तो मिनटों में दुर्घटना करा दे।

जुकाम की स्थिति में इत्र की पहचान करना कठिन है। किसी वधिर को संगीत महाविद्यालय का अध्यापक बनाना अनुचित है। दो पड़ोसी बहरे थे। एक ने दूसरे पर मुकदमा चलाया कि यह पड़ोसी मुझे गालियां दिया करता है। पड़ोसी का बयान था कि "मैं तो अपना नाज सदैव दिन में ही फटकता हूं।"

न्यायाधीश महोदय भी बहरे थे। उन्होंने निर्णय सुनाया कि "दोनों भाइयों को अपनी माता का भरण पोषण मिलजुलकर ही करना होगा।"

8.10. मन की अस्थिरता : किसी भी बात के निर्णय के लिए यह आवश्यक है कि निर्णायक का चित्त एकाग्र हो। किसी नियुक्ति की चयन समिति का सदस्य, यदि उसी दिन अपनी पत्नी से लड़कर आया होगा तो नियुक्ति में क्या ख़ाक न्याय करेगा ?

8.11. व्यवधान : कभी-कभी वक्त और श्रोता के बीच में कोई व्यवधान पड़ जाता है जिससे कुछ का कुछ सुनाई या दिखाई पड़ता है। एक ज्योतिषी अपने दूरवीक्ष (टेलीस्कोप) से अवलोकन कर रहा था। उसे मालूम दे रहा था कि कोई नया आकाशीय पिंड उसके दूरवीक्ष के लेंस की गोचर में आ गया है। बहुत देर तक सिर मारने पर पता चला कि वह कोई तारा नहीं था, वरन् धूल का एक धब्बा था जो दूरवीक्ष के शीशे पर लग गया था।

8.12. अभिभव : यह व्यवधान तब पड़ता है जब एक भारी आवाज़ दूसरी हलकी आवाज़ को दबा देती है। जहां चिल्ल-पौं हो, वहां सितार की ध्वनि सुनाना व्यर्थ होगा। "नक़्क़ारखाने में तूती की आवाज़" प्रसिद्ध कहावत है।

एक बच्चे ने पिता जी से पूछा, "बंदूक और तोप की आवाज़ में क्या अंतर है ?"

पिता जी ने उत्तर दिया, "यों समझो कि पहले मैं बोलूं, फिर तुम्हारी अम्मां बोलें।"

लड़ाई के दिनों में जर्मनी के पारेषक (Transmitter) उन्हीं ध्वनितरंगों पर समाचार प्रसारित करते थे जिन पर मित्रराष्ट्र करते थे। ऐसी स्थिति में अपने समाचार सुन पाना कठिन होता है, विशेषकर जब प्रतिपक्षी का पारेषक अधिक शक्तिशाली हो।

9. शब्द और अर्थ का संबंध

शब्दब्रह्म की खोज

9.1. एक नदी रेगिस्तान में बह रही है। मार्ग में एक चट्टान पड़ी है। नदी या तो दाहिने घूमकर फिर अपने पुराने मार्ग की सीध पकड़ लेगी या बाईं ओर घूमकर। मान लीजिए दाहिने मार्ग में एक पौधा पड़ता है और बायां मार्ग निर्बाध है। तो यह निश्चित है कि नदी बाईं ओर ही घूमेगी। भौमिविज्ञ (Geologist) हमें बताते हैं कि सैकड़ों उदाहरणों का अध्ययन करने पर भी इस नियम का एक भी अपवाद नहीं मिला। जिधर कोई बाधा होगी, जैसे कोई पोखरा या पेड़ या पत्थर, उधर नदी कदापि नहीं घूमेगी। अब प्रश्न यह है कि नदी को यह कौन बताता है कि दाहिने मार्ग में कोई बाधा है। बताता कोई नहीं। यह उसका नैसर्गिक गुण है।

प्रत्येक प्राणी और प्रत्येक वस्तु में कुछ नैसर्गिक गुण होते हैं। प्रत्येक ठोस पदार्थ में यह गुण होता है कि सामान्य स्थिति में अर्थात् बिना किसी विशेष प्रयास के, उसके आकार-प्रकार में कोई अंतर नहीं आता। किंतु द्रव के गुण इससे भिन्न हैं। यदि पानी किसी गिलास में डाला जाए तो उसकी आकृति गिलास की गोलाई के अनुरूप बन जाएगी किंतु पानी की मात्रा नहीं बदलेगी। इसके विपरीत, यदि किसी बरतन में कोई गैस भर दी जाए तो वह चाहे मात्रा में थोड़ी ही हो, सारे बरतन को घेर लेगी। उसकी आकृति और आकार दोनों बदल जाएंगे। यद्यपि इस परिवर्तन की भी सीमाएँ हैं।

पानी सदैव नीचे की ओर बहेगा। मान लीजिए हम किसी टीले के एक पार्श्व में खड़े हैं। हम ज़मीन पर पानी डालते हैं और कहते हैं, "हे जलदेव, टीले के ऊपर मेरा एक खेत बिलकुल सूखा है। कृपया थोड़ा-सा ऊपर चढ़ जाओ और उस खेत को सींच आओ।" केवल कहने भर से जलदेव कभी हमारी बात नहीं मानेंगे।

मैं एक आम के पेड़ के नीचे खड़ा हूँ। मैं ईंटें मारकर कुछ आम तोड़ना चाहता हूँ। मैं जानता हूँ कि आम टूटते ही ज़मीन पर गिरेगा और उसमें दाग पड़ जाएगा या उसका स्वाद बिगड़ जाएगा। मैं कहता हूँ, "गुरुत्व देव! थोड़ी देर के लिए अपना आकर्षण छोड़ दो। जो आम मेरे ढेलों से गिरें, जमीन पर न आएं, हवा में ही टंगे रहें।" क्या गुरुत्व देव इतनी दया दिखाएंगे? सामान्यतः तो नहीं।

यों महाभारत में ऐसा प्रसंग आता है कि जब अर्जुन ने जयद्रथ को मारा था, तब उसका सिर जमीन पर गिरने के बदले, आकाश में उड़कर, जयद्रथ के पिता की गोद में जाकर गिरा था। वह विशेष स्थिति थी और वह सिर विशेष शक्ति से संपन्न था।

यदि हम अमरूद का बीज बोएंगे तो उक्त पेड़ से अमरूद ही पैदा होंगे। "बोया पेड़ बबूल का, आम कहाँ ते खाय?"

अब हम शब्द और उसके अर्थ पर विचार करते हैं। जब हम कहते हैं "खिड़की" तो किसी झरोखे की आकृति हमारी आंखों के सामने घूम जाती है। हम उक्त झरोखे को "खिड़की" शब्द का "अर्थ" कहते हैं। हमें उक्त वस्तु के बदले गाजर के हलुए अथवा गली के कुएं का ध्यान क्यों नहीं आता? स्पष्ट है कि "खिड़की" शब्द और खिड़की (झरोखे) में कोई न कोई संबंध अवश्य है। वह संबंध किस प्रकार का है?

हमने धरती में आड़ू का बीज डाला। फिर हमें याद आया कि आड़ू तो हम प्रति वर्ष खाते रहे हैं किंतु जामुन कई वर्ष से नहीं खाई हैं। अतः हमने जाकर उक्त ज़मीन से कहा, "हे धरती माता, इस आड़ू के बीज से जामुन का पेड़ उगा दे तो हमारा काम बन जाए।" धरती माता इतना अनुग्रह कभी नहीं करेंगी, क्योंकि वह अपना नैसर्गिक गुण नहीं छोड़ सकतीं। हम आड़ू का बीज चाहे भारतभूमि पर बोएं, या ऑस्ट्रेलिया अथवा दक्षिण अमेरिका की भूमि में, उसमें से, यदि कोई पेड़ निकलेगा तो आड़ू का ही, और चाहे आज बोएं या दस बरस बाद–देश और काल से कोई अंतर नहीं पड़ेगा।

यदि शब्द और अर्थ का संबंध नैसर्गिक होता तो शब्द के सुनते ही प्रत्येक व्यक्ति के मस्तिष्क में वही अर्थ आता। किंतु हम देखते हैं कि बहुत से शब्दों के, भिन्न-भिन्न व्यक्तियों के लिए और भिन्न-भिन्न भाषाओं में, पृथक-पृथक अर्थ होते हैं। अब देखिए :

(अ) बट (अंग्रेजी) : किंतु, परंतु; (ब) बट (हिंदी) : (1) एक वृक्ष का नाम; (2) गोला, कोई गोल वस्तु; (3) एक प्रकार का पकवान; (4) बट्टा, लोढ़ा; (5) बटखरा, बाट; (6) बांट, भाग, हिस्सा; (7) रस्सी की ऐंठन; (8) मार्ग, रास्ता।

अब "पट्टी" शब्द पर विचार कीजिए। हम यहाँ इसके प्रमुख अर्थ ही लेते हैं :

हिंदी (1) पटिया, तख्ती; (2) पाठ, सबक; (3) उपदेश, शिक्षा; (4) चकमा, झांसा; (5) खाट की पाटी; (6) धातु, काग़ज या कपड़े की धज्जी; (7) पत्थर का चपटा टुकड़ा; (8) बल्लियों की पांती; (9) कपड़े की कोर या किनारा; (10) नाव के बीचों-बीच का तख़्ता; (11) एक प्रकार की मिठाई, जिसे करारा पट्टी भी कहते हैं; (12) किसी सपत्ति का भाग; (13) बालों की संवारी हुई लट; (14) नेग, अबवाब; (15) एक आभूषण।

अंग्रेजी (1) एक प्रकार की मिठाई; (2) उल्टी।

इस प्रकार हम देखते हैं कि शब्दों का अर्थों से नैसर्गिक संबंध नहीं होता। किस शब्द का कोई अर्थ क्यों रखा गया, यह कहना कठिन है। केवल अनुकरणवाची शब्द ऐसे होते हैं जिनके अर्थ नैसर्गिक कहे ज़ा सकते हैं, जैसे, हिनहिनाना, खटखटाना, बड़बड़ाना आदि। उक्त संबंध नित्यक भी नहीं होता। शब्दों के अर्थ बदलते रहते हैं। "असुर" शब्द का अर्थ किसी दिन "देवता" था, आज दानव है और "देवता" का अर्थ "सुर" में लग गया है। अर्थ परिवर्तन के बहुत से उदाहरण आगे के अध्यायों में मिल जाएंगे।

9.2. हम किसी देवी के दर्शन करना चाहते हैं। हम साधक हैं और देवी का दर्शन करना हमारा साध्य। मध्य प्रदेश में एक प्रसिद्ध स्थान है मइहर। वहां एक देवी का मंदिर है जो काफी ऊँचे टीले पर बना हुआ है। उस मंदिर तक पहुँचने के लिए 300 के लगभग सीढ़ियां चढ़नी पड़ती हैं। सीढ़ियां "साधन" हैं हमारे देवी तक पहुँचने के लिए। किंतु यदि सीढ़ियां

न भी हों, तो भी मंदिर का कोई द्वार होगा। कोई पुजारी होगा जो मंदिर की देखरेख करता होगा। देवी की पूजा-आराधना करता होगा। ये सारी बातें "साधन" के अंतर्गत आती हैं।

बच्चा जिस दिन से विद्यारंभ करता है, उस दिन से मृत्यु तक उसके संसर्ग में नए-नए शब्द आते रहते हैं जिनके अर्थ वह जानना चाहता है। इस प्रकार हम सबके-सब, न्यूनाधिक मात्रा में, जीवन भर साधक (या विद्यार्थी) बने रहते हैं। "शब्द" वह द्वार है जो हमें अपने साध्य "अर्थ" तक पहुँचाता है।

शब्द और अर्थ की उपमा शरीर और आत्मा से दी जाती है। एक प्रकार से ठीक भी है। यदि शरीर में आत्मा न हो तो शरीर बिल्कुल जड़ पदार्थ हो जाए। यदि किसी का शव पड़ा रहे तो कुछ घंटों में ही उसमें से सड़ांध निकलने लगती है। यों समझिए कि आत्मा के बिना शरीर बेकार है।

किंतु शरीर के बिना आत्मा की भी अभिव्यक्ति नहीं हो पाती। शरीर वह वस्तु है जो आत्मा को व्यक्तित्व प्रदान करती है। शरीर वह झरोखा है जिसमें से आत्मा झांकती है। शरीर वह माध्यम है जिसके द्वारा आत्मा जीवन के कार्यकलाप संपन्न कराती है।

जब तक आत्मा शरीर में रहती है, शरीर से अलग दिखाई नहीं देती। यदि कोई पूछे कि शरीर में आत्मा किस अवयव में है तो इस प्रश्न का कोई उत्तर नहीं दिया जा सकता क्योंकि आत्मा शरीर के अणु-अणु में व्याप्त है। शरीर और आत्मा को एक-दूसरे से अलग नहीं किया जा सकता।

लगभग ऐसा ही संबंध शब्द और अर्थ का है। शब्द में अर्थ समाया हुआ है। शब्द अर्थ से ओतप्रोत है। शब्द अर्थ का कलेवर है तो अर्थ शब्द की जान है। शब्द का महत्व अर्थ से ही है। यदि जलेबी में से मिठास निकाल दी जाए तो उसे जलेबी कौन कहेगा ? इसी प्रकार, यदि शब्द में अर्थ न हो तो शब्द किस मतलब का ?

कुछ लेखक शब्द और अर्थ की तुलना "धूप और छाया" से करते हैं। यह उपमा तो उपयुक्त दिखाई नहीं देती। धूप में झुलसाने और तपाने का भाव है, छाया में शांति देने का। अब यह सोचने की बात है कि शब्द और अर्थ में से किसे हम धूप कहें और किसे छाया।

कुछ लोग शिव और पार्वती की उपमा वाणी और अर्थ से देते हैं। यह तुलना भी कुछ जंचती नहीं।

इससे अच्छी है "बीज और मींग" की उपमा। यद्यपि वह भी अधूरी है। खरबूजे के बीज के अंदर असली माल है "मींग" जो खाने के काम आती है, और जिससे कई प्रकार के पकवान भी बनाए जाते हैं। जो बीज का छिलका हम उतार देते हैं, उसका महत्व तो बहुत ही कम है। एक प्रकार से नगण्य है किंतु शब्द तो नगण्य नहीं होता।

एक बात और भी है। हम छिलके और मींग को एक दूसरे से बिल्कुल अलग करके दिखा सकते हैं। शब्द और अर्थ के साथ ऐसा व्यापार संभव नहीं है। एक उपमा है चेहरे और प्रतिबिंब की। चेहरा तो वास्तविक है, किंतु प्रतिबिंब केवल काल्पनिक होता है। परंतु अर्थ तो अस्तित्वमय होता है। इतना अवश्य है कि चेहरे की भांति शब्द प्रत्यक्ष होता है,

किंतु प्रतिबिंब की तरह अर्थ परोक्ष होता है। बीज को छीलने से मींग प्राप्त होती है, इसी प्रकार शब्द का विश्लेषण करने से हम अर्थ तक पहुँच पाते हैं।

9.3. भक्ति का प्रथम सोपान : अब हम इस प्रश्न पर एक दूसरे दृष्टिकोण से विचार करते हैं। हमारा लक्ष्य है शब्द से अर्थ तक पहुँचना अर्थात् अर्थ को ज्ञात करना। कभी हमें लक्ष्य प्राप्त होगा या नहीं, यदि होगा तो कब तक ? यह सब बातें निर्भर हैं हमारे परिश्रम, हमारी इच्छाशक्ति, हमारे चित्त की एकाग्रता और संकेंद्रण पर।

महाभारत में एक प्रसंग ऐसा आता है कि जब पांडवों की शिक्षा समाप्त हो गई, तब एक दिन गुरु द्रोणाचार्य ने उनकी परीक्षा लेनी चाही। उन्होंने पेड़ पर एक कृत्रिम चिड़िया बिठा दी और पांडवों से कहा कि तुम्हें इस चिड़िया की आंख पर तीर मारना है। पांडवों ने निशाना साधा। गुरु द्रोण ने युधिष्ठिर से पूछा, "तुम्हें क्या-क्या दिखाई दे रहा है।" युधिष्ठिर ने कहा, "मुझे पेड़, पत्ते, चिड़िया और आकाश दिखाई दे रहा है।"

नकुल ने बताया, "मुझे पेड़ का थोड़ा-सा भाग और चिड़िया दिखाई दे रही है।"

अर्जुन ने कहा, "मुझे केवल चिड़िया और उसकी भी केवल आंख दिखाई दे रही है।"

अर्जुन का संकेंद्रण ही समीचीन था। एकलव्य को गुरु द्रोणाचार्य ने धनुर्विद्या की शिक्षा देने से इनकार कर दिया था। तब उसने द्रोणाचार्य जी की एक प्रतिमा बनाई और उसके सामने धनुर्विद्या का अभ्यास किया। उसने इतना दत्तचित्त होकर परिश्रम किया कि धनुर्विद्या में कदाचित् अर्जुन से भी प्रवीण हो गया। एक दिन भगवान कृष्ण एकलव्य के पास पहुँचे और उसकी परीक्षा लेनी चाही। उन्होंने उससे कहा, "क्या तुम इस पेड़ के (जिसके नीचे दोनों खड़े थे) सारे पत्तों को एक ही तीर से छेद सकते हो ?"

एकलव्य ने कहा, "यह कौन-सी बड़ी बात है ? अभी लो।"

एकलव्य ने तीर कमान से उठाया और तीर चलाया। कृष्ण जी ने चुपके से पेड़ का एक पत्ता तोड़कर अपने पैर के नीचे दबा लिया। एकलव्य का तीर एक-एक पत्ते को छेदता चला गया। जब पेड़ के सारे पत्ते समाप्त हो गए तब तीर कृष्ण जी के पैर की ओर बढ़ा। कृष्ण जी ने पैर उठा लिया। स्पष्ट है कि एकलव्य परीक्षा में उत्तीर्ण हो गया।

इस उपाख्यान में लेखक की अतिशयोक्ति तो होगी ही, किंतु भाव यह है कि एकलव्य अद्वितीय धनुर्धारी था।

जब लोग हिप्नोटिज़्म सीखते हैं तो सबसे पहले एक बिंदु पर चित्त को एकाग्र करते हैं। जब उसका काफी अभ्यास हो जाता है तब धीरे-धीरे बिंदु को बड़ा करते जाते हैं। इसी प्रकार संकेंद्रण शक्ति बढ़ाई जाती है। एक स्थिति ऐसी आती है जब चित्त की एकाग्रता स्वभाव का अंग बन जाती है।

9.4. सूरदास जी का मौलिक नाम विल्वमंगल था। वे एक विलासी व्यक्ति थे और चिंतामणि नाम की वेश्या के मोह जाल में फँसे हुए थे। उसके प्रति उनका मोह इतना बढ़ गया था कि उसके बिना उन्हें चैन नहीं आता था।

चिंतामणि के घर के मार्ग में एक नदी पड़ती थी जिसको नाव के द्वारा पार किया जाता था। एक रात भयंकर तूफान था। कोई नाव दिखाई नहीं देती थी। एक मुर्दा बहता हुआ आ रहा था। विल्वमंगल ने उसे एक तख्ता समझा। उस पर सवार होकर नदी पार की।

जब वह चिंतामणि के घर पहुँचा, रात काफ़ी गहरा चुकी थी। घर के बारजे से एक साप लटक रहा था। इसने सोचा कि चिंतामणि ने उसकी सुविधा के लिए रस्सी लटका रखी है। वह सांप के सहारे चढ़ गया और चिंतामणि को जगाया।

ऐसा अंधा होता है प्रेम। प्रेम और भक्ति में एकनिष्ठ और आकर्षण की गहनता तो एक सी होती है, किंतु दोनों की दिशा में अंतर होता है।

रसखान काबुल के आसपास के रहने वाले थे। एक दिन किसी ने उनको कृष्ण जी का चित्र दिखा दिया। चित्र को देखते ही उस पर वे मुग्ध हो गए। उस व्यक्ति से पूछा, "यह कृष्ण कहां रहता है?" उसने कहा, "मथुरा में।" बस लोटा, डोर लेकर रसखान मथुरा के लिए चल दिए। मथुरा पहुंचकर किसी रास्ता चलते को चित्र दिखाकर पूछा, "यह कृष्ण कहां रहता है।" उसने कहा, "द्वारकाधीश के मंदिर में।" पूछते-पूछते मंदिर के द्वार पर पहुँचे। मुख्य द्वार के आगे सीढ़ियों पर ही किसी द्वारपाल ने रोक दिया। उसने सोचा यह कोई विक्षिप्त व्यक्ति है। बताया, "कृष्ण जी शयन कर रहे हैं। यहीं बैठ जाओ, जब बाहर निकलें, दर्शन कर लेना।"

रसखान ने द्वार पर ही डेरा जमाया। दिन-रात वहीं पड़े रहे। अगले दिन तड़के ही कोई नेमी, धर्मी पंडित मंदिर के अंदर जाने लगा। उसे किसी ने नहीं रोका। जब वह लौटने लगा तो रसखान उसके पैरों से लिपट गए और बोले, "हमें भी कृष्ण जी के दर्शन करा दो।" उसने सोचा कि "इस म्लेच्छ ने मुझे अपवित्र कर दिया है। इससे पीछा छुड़ाऊँ।" वह बोला, "अरे कृष्ण जी मंदिर के अंदर नहीं हैं। वे तो सामने वाले कुएं में हैं।"

रसखान ने आव देखा न ताव, झट से कुएं में कूद पड़े। किंवदंती है कि भगवान कृष्ण ने कुएं के बीच में ही उनको गोद में ले लिया और कुएं से निकालकर बाहर ले आए। फिर दोनों ने कुएं की जगत पर बैठकर घंटों बातें कीं। रास्ता चलते लोग देखते थे कि रसखान बातें कर रहे हैं, किंतु किससे? उन्हें तो कोई दूसरा व्यक्ति दिखाई नहीं देता था। वे समझे कोई पागल है जो अपने आप ही प्रलाप कर रहा है।

इस कहानी में कितना सच है और कितना नमक-मिर्च मिलाया गया है, यह तो हम नहीं कह सकते। किंतु हम इतना जानते हैं कि "जा पर ताको सत्य सनेहू, सो तेहि मिले न कछु संदेहू।"

यदि लगन सच्ची है तो भगवान अवश्य दर्शन देंगे। शुद्ध प्रेम की पराकाष्ठा ही भक्ति है। दोनों में थोड़ा ही अंतर है। आकर्षण की तीव्रता दोनों में होती है। केवल वृत्ति का अंतर है। भक्ति अपने से बड़े में होती है, प्रेम छोटे से भी हो सकता है, बराबर वाले से भी, बड़े से भी। भक्ति में मुख्य रूप से आदर और श्रद्धा का भाव रहता है। भक्ति का पहला सोपान है "तुम मेरे हो। मैं तुम्हें ढूँढूंगा तो मिलोगे कैसे नहीं? तुम्हें मिलना ही होगा, दर्शन देने ही होंगे।"

एक दिन मैं श्री हनुमानप्रसाद पोद्दार के व्याख्यान में उपस्थित था। प्रवचन का विषय था "भगवत प्रेम।" श्रोताओं में से एक ने पूछा, "यदि राम नाम, बिना नमक-मिर्च के, भजा जाए, तो क्या फल होगा?"

पोद्दार जी बोले, "राम नाम तो स्वयं ही नमक-मिर्च है। उसमें कोई क्या नमक-मिर्च लगाएगा।"

यह है अटूट श्रद्धा। और इसी के साथ चलती है अनन्य भक्ति, जो मीराबाई की इस पंक्ति में झलकती है :

मेरे तो गिरिधर गोपाल, दूसरो न कोई।

यहाँ तक तो भक्त का भाव केवल इतना है कि "तुम मेरे हो।" इसके बाद भक्त भगवान पर एकाधिकार जताता है, अर्थात् "तुम केवल मेरे हो, और किसी के नहीं हो।"

नैनों भीतर आव तुम, नैन मूंद मैं लेऊं।
ना मैं देखूं और को, ना तोय देखन देउं।।

इसके आगे एक स्थिति ऐसी आती है जब सारा संसार कृष्णमय या राममय दिखाई देता है। विश्व के कण-कण में "वही" समाया है और कहीं कुछ है ही नहीं। "जिधर देखता हूँ, उधर तू-ही-तू है।"

पुष्पों की पंखुड़ियों में, अंसुओं की नव लड़ियों में।।
झरनों की शुभ झड़ियों में, मुस्काते प्रियतम तुम हो।।1।।
जल की तरल तरंगो में, मन की अकथ उमंगों में।
अद्भुत अंगों, रंगों में, मुस्काते··· (2)।।
पौधों की हरियाली में, अधरों की प्रिय लाली में।
लोचन प्रतिभाशाली में, मुस्काते··· (3)।।
घोर घनों की गर्जन में, चपला की भी तर्जन में।
सघन नगर में, निर्जन में, मुस्काते··· (4)।।
भ्रमरों की कलरवता में, चिड़ियों की चंचलता में।
यौवन की मादकता में, मुस्काते····· ।।5।।
गिरि पर और गुहाओं में, जल निधि अगम अथाहों में।
विरहिन की दुख-आहों में, मुस्काते····· ।।6।।
कोयल के मधु गाने में, शशि के ज्योति जगाने में।
जग के दाने-दाने में, मुस्काते····· ।।7।।

(नवाब सिंह चौहान)

9.5. भक्ति का द्वितीय सोपान : कभी सोचा है कि विश्व के विस्तार में हम कितने क्षुद्र प्राणी हैं। मैं एक कुर्सी पर बैठा हूँ। कुर्सी एक कमरे में रखी है। कमरा मेरे घर का एक भाग है। घर एक मुहल्ले में स्थित है। मुहल्ले से नगर बहुत बड़ा है। नगर भी हमारे प्रदेश का

एक बहुत छोटा-सा अंश है। प्रदेश से बड़ा देश है, और देश से बड़ा महाद्वीप। महाद्वीप भी पृथ्वी के एक भाग में ही स्थित है। पृथ्वी स्वयं सौरमंडल की तुलना में बहुत छोटी है। किंतु सौरमंडल की भी विश्व में क्या स्थिति है?

प्रकाश की गति लगभग 3 लाख किलोमीटर प्रति सेकिंड है। इतनी प्रचंड गति से भी समीपस्थ तारे से प्रकाश को पृथ्वी तक पहुँचने में 4 वर्ष लगते हैं और कुछ तारे और आकाशीय पिंड पृथ्वी से इतनी दूर हैं कि प्रकाश को उनसे पृथ्वी तक पहुंचने में करोड़ों वर्ष लग जाते हैं। अतएव ऐसे कार्यों की पारस्परिक दूरियां प्रकाश-वर्षों में नापी जाती हैं। एक वर्ष में प्रकाश जितनी दूरी तय करता है, उसे प्रकाश-वर्ष कहते हैं।

एक मानचित्रावली में ब्रह्मांड का चित्र खींचा गया था। उसमें नक्षत्रों, नीहारिकाओं आदि की स्थिति इंगित की गई थी, और एक स्थान पर तीर का चिह्न लगाकर यह लिखा गया था कि "हमारा सौरमंडल यहीं कहीं है।" अर्थात् ब्रह्मांड की तुलना में सौरमंडल इतना छोटा है कि उसकी स्थिति का पता ही नहीं चलता। ब्रह्मांड में हमारे सौरमंडल का स्थान उतना भी नहीं है जितना हमारी पृथ्वी में सूई की नोक का।

गणित हमें बताता है कि बिंदु की सत्ता काल्पनिक है। उसमें स्थिति होती है, परिमाण नहीं होता। न उसमें लंबाई है, न चौड़ाई, न मोटाई। किंतु वास्तविक बिंदु हम कभी बना ही नहीं सकते। हम कितनी ही बारीक पेंसिल लें। यदि हम उसकी नोक से अपनी कापी पर "बिंदु" बनाएंगे तो उसमें कुछ-न-कुछ लंबाई और चौड़ाई आ ही जाएगी और मोटाई भी उतनी आ जाएगी जितना मोटा काग़ज़ है। अतएव, हम वास्तविक बिंदु को केवल दूर से ही इंगित कर सकते हैं, बिंदु की स्थिति काग़ज़ पर दर्शा ही नहीं सकते।

ऐसी ही स्थिति मनुष्य की है। आकाश में उसकी स्थिति कितनी नगण्य है, यह हम ऊपर दर्शा चुके हैं। अब उसके अस्तित्व-काल पर विचार कीजिए। हमारे पीछे भूतकाल अनंत है, हमारे आगे भविष्यकाल अनंत है। बीच में हमें जीवन के केवल 60-70 वर्ष मिलते हैं। अनंत काल में इस क्षुद्र अवधि की क्या स्थिति है?

शास्त्रों के अनुसार ब्रह्मा का एक दिन = 1000 चतुर्युग = लगभग = अरब दिन। इस प्रकार, ब्रह्मा का 1 मिनट + लगभग 4 अरब मिनट और यदि ब्रह्मा के सिक्के भी इसी पैमाने पर मान लिए जाएं तो ब्रह्मा का एक पैसा + हमारे 4 अरब पैसे। किसी मनचले ने ब्रह्मा जी को भुलावे में डालने के विचार से कहा, "भगवान, आपके पास तो अपार धन है। कृपया उसमें से एक पैसा मुझे दे दें।" ब्रह्मा जी भी कुछ कम न थे। बोले, "देता हूँ, बेटा, तनिक 1 मिनट ठहरो।"

9.6. मनुष्य इतना क्षुद्र प्राणी है तिस पर भी अहंकार का पुतला है। मनुष्य को चाहिए कि दीन बनकर भगवान की शरण जाए। वे तो बांह खोले खड़े हैं। उनके चरणों से लिपटने की देर है। वे तो स्वयं उठाकर गोद में ले लेंगे। पर हम तो दूसरों का छिद्रान्वेषण करते रहते हैं। अपने दोषों को पहचानें, तब बात है। दूसरों के दोष तो सभी देख लेते हैं। असली मनुष्य वही है जो अपने दोषों को देख लें:

बुरा जो देखन में चला, बुरा न मिलिया कोय।
जो दिल खोजौं आपना, मुझ-सा बुरा न कोय।।

सूरदास जी कहते हैं :

मो सम कौन कुटिल खल कामी।
तुम सो कहा छिपी करुनामय, सबके अंतरजामी।।
पापी परम, अधम, अपराधी, सब पतितन में नामी।
सूरदास प्रभु अधम-उबारन, सुनिए श्रीपति स्वामी।।

भक्ति मार्ग का ही अंग है यह विनय-मार्ग। जब तक हम अपने आपको लगाते रहेंगे, भगवत-कृपा को आकृष्ट नहीं कर पाएंगे। केवल दिखाने के लिए नहीं, सच्चे हृदय से नम्र बनें, अपनी तुच्छता, क्षुद्रता, हीनता को समझें ? तभी कल्याण होगा :

तू को इतना मिटा कि तू न रहे।
और तुमझें दुई की बू न रहे।।

जब तक हममें "मैं" का भाव रहेगा, हम हरि को नहीं पा सकते।

जब मैं था, तब हरि नहीं, अब हरि हैं, मैं नाहि।
प्रेम गली अति सांकरी, या में द्वै न समाहि।।

9.7. कृष्ण जी मथुरा चले गए हैं। गोपियां अपनी सुध-बुध भूल गई हैं। क्या सोचकर घर से चलती हैं और क्या करने लगती हैं :

चली नीर भरन को गुजरिया। बिसरी चलते ही डगरिया।।
रस्ते में ही सुध-बुध खोई। कान्हा याद पड़े तो रोई।।
पुलकित हो गए गात, भिगोई अंसुअन जल से चुनरिया।।1।।
बीतीं गलियां, बीता पनघट, पहुंच गई जमनाजी के तट।
लगी खेलने आंख मिचौनी, समझी उसे अमरिया।।2।।

याद पड़ा जब घर से चली थी, जाने क्या लेने निकली थी।
यही सोचकर लौट पड़ी फ़िर, पहुंची बीच बजरिया ।।3।।
सोच-सोच मन में झुझलाई, किसी चीज़ की याद न आई।
हर दुकान पर दीठ जमाई, छानी सारी नगरिया।।4।।

जब अपने घर लौट के आई, पति बोले, "क्या जल भर लाई।।"
चुपके से आंगन में रख दी, असुंअन भरी गगरिया।।5।।

किससे कहें, कहुं भी मोहन नहीं दिखाई देते।
वही हैं गलियां, वही द्वार है, वही है ऊंची अटरिया।।6।।

एक दूसरी सखी दधि बेचने चली। मार्ग में भूल गई कि मैं दही बेचने निकली हूँ। मन में तो श्याम सलोना समाया हुआ है। गाने लगती हैं :

ए री कोई ले लो श्याम सलोना।
मैं तो लाई नया खिलौना, ए री कोई ¨ ।।
और खिलौने सब माटी के, यह जसुदा का छोना।।1।।
ब्रज में कौन है ऐसा सुंदर, छाना कोना-कोना।।2।।
माथे पर काजर का टीका, कर दे न कोई टोना।।3।।
तेरी मटकी में दधि बोरी, कैसे बना खिलौना।।4।।
बोली मोहन है कन-कन में, ज्यों माटी में सोना।।5।।

9.8. भक्ति के दूसरे सोपान में भाव यह रहता है कि हम तुम्हारे हैं। चाहे हम किसी भी रूप में हों : सखा हों, गोप-गोपियां हों, गूजर-गुजरियां हों, हम तुम्हारी ही सेवा के लिए बने हैं। हमारा तन, मन, धन सब तुम्हारा है, तुम पर न्यौछावर हैं। हम अच्छे हों, बुरे हों, खोटे हों खरे हों, छोटे हों, बड़े हों, हर सूरत में तुम्हारे हैं।

अवगुन मेरे बाप जी, बक्स़ ग़रीबनिवाज।
जो मैं पूत, कपूत हौं, तऊ पिता की लाज।।

और भी,

पर हूँ मैं शरण आपकी, कहता है ज़माना।
इस बात की रख लाज, लगा दीजो ठिकाना।।

अर्थात् लोग मुझे "भगत जी" कहकर पुकारते हैं, इसी बात की लाज रखकर मेरा बेड़ा पार कर देना :

ज़माने भर में यही है चर्चा, कि हम तुम्हारे हैं, तुम हमारे
करोगे इनकार कैसे कान्हा कि…… ।।1।।
तुम्हीं ने वादा किया है हमसे, कि हमको भगवन उबार दोगे
करोगे कब अपना कोल पूरा…… ।।2।।
न आओ संकट में जो हमारे, तो भक्त वत्सल बनोगे कैसे ?
कहेंगे किस मुँह से यह बताना…… ।।3।।
उबारे हैं तुमने लाखों प्राणी, हमें दया की न भीख दोगे ?
तो सपना हो कैसे पूरा अपना ।।4।।
पुकारता है यह दास मोहन,

कभी तो दो आके अपने दर्शन।
नहीं तो फिर तुम भी याद रखना,
न हम तुम्हारे, न तुम हमारे।।5।।

9.9. भक्ति का तृतीय सोपान : यदि मनुष्य के किसी विशिष्ट अंग में कष्ट हो तो हम कहेंगे "मेरे दाहिने कान में पीड़ा है" अथवा "मेरी बाईं टांग में दर्द है।" किंतु कुछ अनुभूतियां अंग विशेष में नहीं होतीं, सारे शरीर में होती हैं। जब हम प्रसन्न होते हैं तो सारे शरीर में प्रसन्न होते हैं। कोई यह नहीं कहता कि "मैं बाईं टांग में प्रसन्न हूं।" अथवा "मैं कमर में सुखी हूं।"

कभी-कभी दर्द सारे शरीर में होता है।
पूछते हैं वह मेरे दर्द कहां होता है।
एक जगह हो तो बताऊं कि "यहां होता है"।

भगवान शंकर और भगवान केशव (कृष्ण जी) का एक दूसरे में जो अनुराग, जगतप्रसिद्ध है। दोनों एक-दूसरे के अनन्य भक्त हैं। लाक्षणिक दृष्टि से हम कहते हैं कि केशव के पेट में शंकर है। (श = शंकर) और शंकर के पेट में केशव हैं (क = केशव)।

किंवदंती है कि एक बार शंकर जी और कृष्ण जी साथ-साथ जा रहे थे। साथ में उद्धव जी और शिव जी के कई गण थे। रात का समय था। कुछ भक्ति का ज़िक्र आ गया। कृष्ण जी बोले, "मेरा एक नया भक्त पैदा हुआ है। अर्जुन, जो मेरी भक्ति में अद्वितीय है।" शंकर जी बोले, "केशव, क्या वह मुझसे भी बड़ा भक्त है आपका?" कृष्ण जी ने सकारात्मक उत्तर दिया तो शिव जी के मन में ठेस लगी। बोले, "मैं मान नहीं सकता कि आपका कोई भक्त मुझसे भी बड़ा हो सकता है। मैं तो उठते, बैठते, चलते, फिरते आप ही का नाम स्मरण करता हूं।

कृष्ण जी बोले, "चलिए, परीक्षा कर ली जाए। दोनों अर्जुन के महल में पहुँचकर उसके शयनागार से थोड़ी दूर खड़े हो गए। अर्जुन के कमरे से हल्की-हल्की संगीत की-सी ध्वनि आ रही थी। शिव जी ने अपने एक गण को भेजा। उससे कहा, "जाकर देखो, अर्जुन क्या कर रहा है?" गण को अंदर गए कई घड़ियां बीत गईं। लौटकर नहीं आया। दूसरे गण को भेजा। वह भी लौटकर नहीं आया। उद्धव जी को भेजा। वह भी कमरे के अंदर ही रह गए।

तब शिव जी ने कहा कि "मैं स्वयं जाकर देखता हूं कि मामला क्या है।" शिव जी भी कमरे में ही समा गए। तब कृष्ण जी हंसते हुए स्वयं अंदर गए। जाकर क्या देखते हैं कि अर्जुन तो सो रहा है किंतु उसके शरीर के अंग-प्रत्यंग से "कृष्ण, कृष्ण" की ध्वनि निकल रही है जो इतनी मधुर और संगीतमय है कि शिव जी के गण, उद्धव जी और स्वयं शिव जी भी उसकी लय में नाच रहे हैं।

कृष्ण जी ने शिव जी को झकझोर दिया। शिव जी जब होश में आए तो बोले, "केशव,

तुमने ठीक ही कहा था। अर्जुन तुम्हारा अद्विवतीय भक्त है और सारे भक्त (मुझ समेत)उठते, बैठते, चलते-फिरते, तुम्हें याद करते हैं। एक अर्जुन ही ऐसा भक्त है जो सोते में भी तुम्हें नहीं भूलता। मैं इसकी भक्ति के आगे नत मस्तक हूँ।''

ऐसी होती है अनन्य भक्ति। यदि उस समय शिव जी का कोई गण अर्जुन को जगाकर पूछता, ''कहो अर्जुन, तुम्हारा क्या हाल है।'' तो निश्चय है कि अर्जुन कहता :

हे रोम रोम, रग रग, नस नस में बसे कान्हा।
खाली जगह बदन में तेरी कसम नहीं है।।

अर्जुन का तो मानो सारा शरीर ही कृष्णमय हो रहा था।

9.10. भक्ति के तीसरे सोपान में पता ही नहीं रहता कि मैं क्या हूँ और तुम क्या हो। मैं और तुम एक हो जाते हैं। भक्त का आराध्य देव से तादात्म्य हो जाता है। दोनों का अलग-अलग अस्तित्व रहता ही नहीं :

प्रीतम को पतियां लिखूं, जो कहुं होयं बिदेस।
तन में, मन में, नैन में, ताको कौन संदेस ?

यदि यह जान लो कि ''मैं कौन हूँ ?'' और ''तुम कौन हो ?'' तो जानने को कुछ रह ही न जाए :

जानत तुम्हहि, तुम्हहि होई जाई।।

यह ठीक-ठीक किसी को पता नहीं कि हम कहाँ से आए हैं और हमें कहाँ जाना है :

दुनिया की हरेक शै[1] का इतना ही फ़साना[2] है।
एक धुंध से आना है, एक धुंध में जाना है।।

किंतु अटकलें सब लगाते हैं। हजरत गालिब कहते हैं :

न था कुछ, तो खुदा था, कुछ न होता तो खुदा होता।
डुबोया मुझको हीने ने, न मैं होता तो क्या-होता।।

हम सब परम पिता परमात्मा के अंश से ही उत्पन्न हुए हैं और हमारी अंतिम परिणति है उसी में लय हो जाना। वास्तविक अर्थों में ''सत्ता'' उसी की थी, और उसी की रहेगी :

बइदत[3] में तेरी हर्फ़ दुई का न आ सके।
आईना क्या मजाल तुझे मुँह दिखा सके।।

---

1. वस्त, 2. कहानी, 3. अकेलापन

9.11. भक्ति की अंतिम स्थिति है आराध्य देव से तादात्म्य, जैसा कि मीरा का भगवान कृष्ण से हुआ था, किंतु कुछ लोग इसे दूसरे ढंग से भी कहते हैं।

एक व्यक्ति पागलखाने पहुँचा और एक पागल की कोठरी के सामने खड़ा होकर उससे बातें करने लगा। उसने पागल से पूछा, "तुम कौन हो?" वह बोला, "मैं हूँ अडोल्फ हिटलर।"

आगंतुक बोला, "तुम्हें कैसे मालूम हुआ कि तुम हिटलर हो?"

पागल, "स्वयं भगवान ने मुझे बताया था।"

इतने में ही पास की एक कोठरी से दूसरा पागल चिल्लाकर कहने लगा, "तुम झूठ बोलते हो। मैंने तुमसे कभी यह नहीं कहा था।"

कभी-कभी भक्त की भावना ऐसी भी हो जाती है कि "मैं तुम हूँ, और तुम मैं हो।" राधा जी के शब्दों में :

आज से मुझे कहो घनश्याम कि अब राधा है तुम्हारा नाम।
धुन सुनकर मेरे पीछे दौड़ो, छोड़ो कुल की आन।।

रटो तुम रस्ते भर मेरा नाम।।1।।
जितना तुमने मुझे रुलाया, मैं भी तुम्हें रुलाऊं।।
तुम रह जाओ वृंदावन में, मैं मथुरा को जाऊं।।
भूल जाऊं अपना ब्रज धाम।।2।।
एक बार मथुरा जाकर मैं वहीं लगा दूं बरसो।
जितना तरसाया है मुझको, उतना तुम भी तरसो।।
मिलेगा तुमको यही इनाम।।3।।
आज खोजती हूँ मैं तुमको, कल तुम भी मुझे पुकारो।
एक दिन कान्हा, तुम भी अपना तन, मन, मुझ पर वारो।।
तभी कहलाओ लीला धाम।।4।।
मोहन, मेरे नैनों से क्यों खेलो आंख मिचौली।
तुम्हें बताएं कैसे इनकी दुर्गति कितनी हो ली।।
हमारे नैनों के अभिराम।।5।।

9.12. अब हम शब्द और अर्थ के प्रसंग पर लौटते हैं। म्यान के आवरण में तलवार छिपी रहती है यद्यपि वास्तविक वस्तु तलवार ही है। इसी प्रकार अर्थ शब्द के आवरण में छिपा रहता है, यद्यपि अधिक महत्वपूर्ण अर्थ ही है। यदि सीढ़ी न लगी हो तो नीचे से छत तक कूदकर पहुंचना कठिन है। इसी प्रकार अर्थ तक पहुंचने का सुगम मार्ग शब्द है।

एक शराबी ने सड़क के एक ओर आकर किसी से पूछा, "सड़क की दूसरी ओर कौन-सी है?" वह बोला, "देखते नहीं, वह सामने है।"

शराबी हतप्रभ हो गया। बोला, "जब उधर जाकर पूछता हूँ तो पता चलता है कि

सड़क की दूसरी ओर इधर है। इधर पूछता हूँ तो लोग कहते हैं कि उधर है। अब किधर जाऊं?"

एक चित्र के एक पक्ष में भगवान राम बने हुए हैं। दूसरे पक्ष में भगवान कृष्ण। यदि कोई पूछे, "इस पक्ष का सीधा पृष्ठ कौन-सा है और उल्टा कौन-सा।" तो कोई उत्तर नहीं दिया जा सकता।

इस चित्र के दोनों पृष्ठों पर तो फिर भी हम नं.1 और नं. 2 डाल सकते हैं। किंतु कुछ पृष्ठ ऐसे भी होते हैं जिनमें आदि से अंत तक एक ही तल होता है। उसमें हम नं.1 और नं.2 डाल ही नहीं सकते।

जहां रेलगाड़ी के दो डिब्बे जोड़े जाते हैं, वहां रबर के मोटे-मोटे छल्ले लगाए जाते हैं। एक छल्ला लीजिए। उसे किसी भी स्थान पर अंगूठे से दबाकर एक मोड़ दे दीजिए। तो वह एक ऐसी आकृति बन जाएगी, जिसमें एक ही तल होगा जिसे चाहे बाह्य-तल कहें, चाहे आंतरिक तल। यदि इसके तल पर मनुष्य को सीधा खड़ा करके चलाया जाए तो वह बिना तल को छोड़े आपसे आप उल्टा हो जाएगा। ऐसे पृष्ठ को मोबियस बंध (Mobious Bond) कहते हैं। इसी प्रकार हम यह नहीं कह सकते कि शब्द और अर्थ में कौन-सा प्राथमिक है और कौन-सा गौण।

वृत्त में कोई बिंदु आदि अथवा अंत नहीं होता। हम किसी भी बिंदु को आदि मानकर चलें तो लौटकर उसी बिंदु पर पहुंच जाएंगे। यही हाल गोले का भी है। इसी प्रकार मोबियस बंध में भी हम जहाँ चलेंगे, वहीं पहुंच जाएंगे। राम-कृष्ण वाले चित्र में तो हम निश्चित रूप से कह सकते हैं कि चित्र का यह पक्ष राम वाला है और दूसरा कृष्ण वाला। उन दोनों पर नंबर भी डाल सकते हैं, किंतु मोबियस बंध में तो हम यह कह ही नहीं सकते कि यह पृष्ठ है नं. 1 और दूसरा नं. 2।

एक अन्य उदाहरण लीजिए। एक व्यक्ति पंकज का फूफा है और गोपाल का मामा। पंकज उस व्यक्ति से कहता है कि "मुझे मामापन से कोई मतलब नहीं। अपने व्यक्तित्व में से मामापन अलग करके शुद्ध फूफापन मुझे दे दो।" क्या यह संभव है? इसी प्रकार, यदि गोपाल यह चाहे कि उक्त व्यक्ति फूफापन निकालकर अपने व्यक्तित्व का शेष भाग उसे दे, तो यह भी सर्वथा असंभव है। जब तक वह व्यक्ति विद्यमान है, पंकज का फूफा भी रहेगा और गोपाल का मामा भी। इस आधार पर उस व्यक्ति के दो भाग नहीं किए जा सकते।

कुछ लोग गेहूं और चने को मिलाकर एक मिश्रण बनाते हैं जिसे "गोचना" कहते हैं। उसमें एक-एक दाना अलग-अलग किया जा सकता है। किंतु यदि उसे पीस दिया जाए तो उक्त मिश्रण को "मिस्सा" कहते हैं। उसकी रोटी बहुत लोगों को स्वादिष्ट लगती है। उस मिश्रण में गेहूँ और चने को अलग-अलग करके दिखाना आसान नहीं है। उसके लिए विशेष प्रक्रिया करनी होगी।

बहुत से तेल पानी में घुलनशील नहीं होते। यदि एक ऐसे तेल को पानी में डालें जो पानी से हल्का होता है, तो वह उस की सतह के ऊपर तैरता रहेगा। उसे हम तेल-पानी का मिश्रण कह सकते हैं जिसमें दोनों द्रवों की पार्थक्य-रेखा स्पष्ट दिखाई देगी। किंतु यदि हम

चीनी को पानी में डालें तो थोड़ी-सी देर में यह उसमें घुल जाएगी । उस मिश्रण को शर्बत कहेंगे । उसका विश्लेषण करके पानी और चीनी को अलग-अलग करके दिखाने के लिए भी विशेष प्रक्रिया करनी होगी ।

भंग की भी लगभग ऐसी ही स्थिति होती है । भंग में जो मोटे कण होते हैं, वे तली में बैठ जाते हैं । अतः तली की भंग गाढी होती है जिसमें नशा अधिक होता है ।

एक भंगेड़ी का यह नियम था कि उसका चेला रोज भंग घोटकर लाता था, और दोनों मिलकर पीते थे । एक दिन चेला लोटाभर भंग बनाकर ला रहा था कि उसके स्कूल के पुराने गुरु मिल गए । गुरु जी के पूछने पर उसने बताया कि लोटे में भंग है जो दोनों मिलकर पिएंगे । गुरु जी बोले, ''हरे राम, तू इतनी निकृष्ट वस्तु पीता है । जा, इसमें से अपना आधा हिस्सा फेंक दे ।'' चेला बोला, ''नहीं फेंक सकता गुरु जी, क्योंकि मेरा हिस्सा तो तली में है ।''

अब हम भाषा और लिपि के क्षेत्र में आते हैं । नागरी लिपि में बहुत से युक्ताक्षर होते हैं । सामान्यतः इन युक्ताक्षरों के दोनों अवयवों की ध्वनियां स्पष्ट रहती हैं जैसे ''पद्मा'' में । इस शब्द का विश्लेषण हम इस प्रकार कर सकते हैं :

पद् = मा

इसी प्रकार ''द्वार'' में द्व = द्व ।

किंतु जब त में ह की ध्वनि मिलती है तब परिणामी ध्वनि थ केवल त और ह का मिश्रण नहीं होती, वरन् एक नई ध्वनि बन जाती है । अतः यह कहना ग़लत होगा कि थ=त् + ह । यदि हम ''कथा'' को ''कत्हा'' के रूप में लिखें तो गलत कहलाएगा । इसी प्रकार नागरी लिपि के सारे महाप्राण

ख, घ, छ, झ......

स्वतंत्र ध्वनियां हैं जिनका विश्लेषण अस्वर व्यंजन = व्यंजन ह के रूप में नहीं हो सकता ।

नागरी एक आक्षरिक लिपि है । इसका स्वरयुक्त व्यंजन एक पूर्ण अक्षर है, जैसे,

ब + ब् = अ + ब = अ

सामान्यतः कोई व्यंजन उच्चरित हो ही नहीं सकता जब तक उसमें स्वर ''अ'' न मिल जाए । इस प्रकार,

श + श् = अ + श = अ

यों समझने में सुविधा होगी कि ''शब्द'' का ''श'' पूर्ण होता ही नहीं, जब तक ''अर्थ'' का ''अ'' उसमें आकर न मिल जाए । ज्यों ही हम ''श'' लिखते हैं, उसमें ''अर्थ'' का ''अ'' आपसे आप आकर जुड़ जाता है । शब्द और अर्थ एक ही तत्व के दो पक्ष हैं जिन्हें एक-दूसरे से अलग नहीं किया जा सकता ।

शब्द को शब्द ब्रह्म क्यों कहा गया है। विज्ञान हमें बताता है कि जो शब्द किसी के मुंह से निकलता है वह कभी नष्ट नहीं होता। वह वायुमंडल में लीन हो जाता है। जो ध्वनियां हम अभिलेखक (Recorder) में संजोकर रखते हैं वे अक्षुण्ण बनी रहती हैं। हम जब चाहें तब अभिलेखक को चलाकर उन्हें सुन सकते हैं। इसी प्रकार यदि कभी ऐसी शक्तिशाली मशीनें बनीं तो हम भूतकाल की सारी ध्वनियां पुनः सुन सकेंगे। वह कैसा सुदिन होगा जब हम रामायण और महाभारत के मौलिक संवाद अपने कानों से सुनेंगे, और गीता का उपदेश स्वयं भगवान कृष्ण के मुंह से श्रवण करेंगे।

इस प्रकार हम देखते हैं कि शब्द में ब्रह्म का अविनश्वरता का गुण है। इसलिए उसको शब्द ब्रह्म कहें तो क्या अनुचित है?

एक बात और भी है। कोई भी संपत्ति हो, दान करने से घटती है। किंतु विद्या ऐसी संपत्ति है जो देने से (घटती नहीं) बढ़ती है। और शब्द विद्या का प्रतीक है। विद्या गुरु और शिष्य दोनों को लाभान्वित करती है। गुरु जितना अधिक विद्यादान करता है, उतना ही उसका भी ज्ञानवर्धन होता है और विद्या की कोई सीमा नहीं है। वह तो अनंत है। गणित के विद्यार्थी अनंती (Infinity) को भगवान का गणितीय समकक्ष मानते हैं। हम जानते हैं कि अनंती ऐसा तत्व है जिसमें कुछ बढ़ा दें तो वह बढ़ेगा नहीं, उसमें से कुछ हटा दें तो वह घटेगा भी नहीं।

परशुराम जी ने भीष्म को अपनी पूरी शस्त्र विद्या दे दी। भीष्म भी उनके समकक्ष हो गए। एक ऐसी स्थिति आई कि भीष्म को परशुराम जी से लड़ना पड़ा। सात दिन तक लड़ाई होती रही, किंतु वे भीष्म को हरा नहीं सके। भीष्म जी परशुराम जी के समकक्ष हो गए थे, किंतु क्या परशुराम जी की शस्त्र विद्या में इससे कोई ह्रास हुआ था? बिलकुल नहीं। हम एक दीए से हजारों दीए जला सकते हैं किंतु मौलिक दीए की ज्योति ज्यों-की-त्यों बनी रहेगी। इतना ही नहीं, ईशोपनिषद का पहला श्लोक तो यहां तक कहता है कि :

ओइम् पूर्णमदः पूर्ण मिदं पूर्णात् पूर्ण मुदच्यते।
पूर्णस्य पूर्णमादाय पूर्णमेवावशिष्यते।।

अर्थात् यह सच्चिदानंदघन परब्रह्म पुरुषोत्तम सब प्रकार से सदा सर्वदा परिपूर्ण है। यह जगत भी उस परब्रह्म से पूर्ण ही है, क्योंकि यह पूर्ण उस पूर्ण पुरुषोत्तम से ही उत्पन्न हुआ है। इस प्रकार परब्रह्म की पूर्णता से जगत पूर्ण है, इसलिए भी वह परिपूर्ण है। उस पूर्ण ब्रह्म में से पूर्ण को निकाल लेने पर भी वह पूर्ण ही बच रहता है।

यदि अनंती कोई सामान्य संख्या होती जैसे 8 तो इस श्लोक का कोई अर्थ न होता। क्योंकि यदि 8 में से 8 घटाएं तो 0 बचेगा। परंतु अनंती कोई ऐसी राशि नहीं है जिस पर अंकगणित के सामान्य नियम लगाए जा सकें। वह तो "राशि" कहलाने योग्य ही नहीं है। वह तो समस्त राशियों से परे है। अब हम उपरिलिखित श्लोक को थोड़ा-सा गणितीय पुट देते हैं। हम जानते हैं कि पूर्णांकों (Integers):

1 2 3 4 5......

की सख्या अनत है। यदि हम इनमें से विषम पूर्णांक :

1 3 5 7 ....

छांट लें तो इनकी संख्या भी अनंत है। अब बचे सम पूर्णांक :

2 4 6 8 ......

इनकी सख्या भी अनत है। इस प्रकार हम देखते हैं कि यदि अनंती में से अनंती घटाएं तो भी अनंती ही बच रहता है। इसी से मिलता-जुलता सिद्धांत योगवासिष्ठ के इस श्लोक में प्रतिपादित है :

आत्मा त्वाद्यन्तमध्येषु समः सर्वत्र सर्वदा।
स्वयमप्यन्यत्वमायाति नात्मतत्वं कदाचन।।

(भीखम लाल आत्रेय : योगवासिष्ठ और उसके सिद्धांत, काशी हिंदू विश्वविद्यालय, सम्वत् 1994, पृ. 366) **भावार्थ** : ईश्वर में किसी प्रकार का परिवर्तन संभव नहीं है—न उत्पत्ति, न वृद्धि और न नाश। इस प्रकार हम देखते हैं कि "शब्द" में ब्रह्म के कई गुण विद्यमान हैं। यही है "शब्द ब्रह्म" नाम का रहस्य।

10. शब्द शक्तियां और अर्थ निर्णय

10.1. पुराने विचारकों ने शब्दों की तीन प्रकार की शक्तियों का उल्लेख किया है। अभिधा शक्ति, लक्षणा शक्ति और व्यंजना शक्ति।

रचना के आधार पर शब्दों को दो वर्गों में विभाजित किया गया है—रूढ़ और यौगिक। जिस शब्द के एक से अधिक सार्थक टुकड़े न किए जा सकें, उसे रूढ़ शब्द कहते हैं जैसे कपड़ा, ग्राम, सड़क, गेहूँ। यदि "कपड़ा" शब्द के दो टुकड़े करें—कप और ड़ा, तो अलग-अलग इनका कोई अर्थ नहीं निकलेगा। इसी प्रकार "गेहूँ" के दोनों टुकड़ों "गे" और "हूं" का अलग-अलग कोई ऐसा अर्थ नहीं होगा जिनका "गेहूं" से कोई संबंध हो। यों "गे" का गंवारू बोली में अर्थ होता है "यह" और "हूं" का अर्थ हम सब जानते हैं। पर यह बात तो अलग रही।

यदि किसी रूढ़ शब्द में कोई उपसर्ग, प्रत्यय, शब्दांश या शब्द जोड़कर नया शब्द बनाया जाए तो उसे यौगिक शब्द कहते हैं। "निष्कपट" शब्द का विश्लेषण है निः + कपट अर्थात् नहीं + कपट = कपट के बिना। अतः "निष्कपट" का अर्थ वही है जो इसके दोनों टुकड़ों के अर्थों का जोड़ है। सामान्यतः होता यही है, किंतु बाद में प्रयोग से अर्थ बदल भी जाता है। "नीरज" का अर्थ है "पानी से निकलता हुआ।" इस अर्थ के अंतर्गत "कमल" भी आता है, मुक्ता और मोती भी। किंतु अब "नीरज" कमल के अर्थ में ही प्रयुक्त होता है। "चंद्रमौलि" का अर्थ है "जिसके मस्तक पर चंद्रमा हो" किंतु अब यह शब्द शिव जी के लिए रूढ़ हो गया है।

ये सब उदाहरण "अभिधार्थ" के हैं। "अभिधा" का अर्थ है नाम या संज्ञा। यों समझना चाहिए कि अभिधार्थ किसी शब्द का शाब्दिक अर्थ या मुख्यार्थ होता है। इसे वाच्यार्थ भी कहते हैं।

10.2. कभी-कभी किसी वाक्य के शब्दों का जो अभिधार्थ होता है, वह वाक्य के आशय के साथ पूरा-पूरा मेल नहीं खाता, हालांकि मिलता-जुलता अवश्य है। जैसे "सिपाही फाटक पर खड़ा है।" सिपाही वास्तव में फाटक के ऊपर खड़ा नहीं होता। भाव यह होता है कि सिपाही फाटक के आसपास खड़ा होकर पहरा दे रहा है।

"दो घंटे तक संग्राम में अच्छा लोहा बरसा।" लोहा कोई ऐसी वस्तु नहीं है जो आकाश से बरसे जैसे "मेह" बरसता है। मतलब यह है कि घमासान लड़ाई हुई। "लोहा" लक्षण है, तलवार, खड्ग आदि का।

एक व्यक्ति ने किसी अर्धविक्षिप्त मज़दूर से कोई काम कराया, इस शर्त पर कि "काम

करने पर हम तुम्हें ''कुछ'' देंगे।'' काम पूरा होने पर वह उसको कुछ द्रव्य देने लगा। उसने कहा, ''मैं तो ''कुछ'' लूंगा।'' वह बेचारा दस-बीस रुपए देने को तैयार हो गया किंतु मज़दूर न माना।

यह कहानी बीरवल के समय की है। जब वह व्यक्ति जिसने काम कराया था, परेशान हो गया तो बीरबल के पास पहुंचा। बीरबल ने उक्त मज़दूर को बुलाकर कहा, ''हम तुम्हें अवश्य ही कुछ देंगे। अभी तुम थोड़ा-सा दूध पी लो।''

बीरबल ने दूध में थोड़ा-सा कूड़ा डाल दिया और उसको दिया। वह बोला, ''इसमें तो ''कुछ'' पड़ा है।'' बीरबल बोला, ''बस ''कुछ'' निकाल लो। वही तुम्हारा पारिश्रमिक है।'' इस प्रकार मामला निबट गया। ये तीनों उदाहरण लक्षणार्थ के थे।

10.3. कभी-कभी वाक्यों में ऐसे शब्दों का प्रयोग किया जाता है जिनका अभिधार्थ और लक्षणार्थ से भी मतलब नहीं निकलता। वक्त का, अपने असली अभिप्राय की ओर केवल इंगित या इशारा रहता है। उक्त अर्थ जो केवल व्यंग्य के रूप में होता है, ''व्यंग्यार्थ'' या ''व्यंजना'' कहलाता है :

(1) किसी को ताना देना हो कि ''कल की सभा में क्यों नहीं आए''तो कहते हैं कि ''कल तो आप खूब आए।''

(2) पत्नी, ''क्यों जी, मैं तुम्हें कब बहुत अच्छी लगती हूँ।''
पति, ''जब तुम मायके में रहती हो।''

(3) पत्नी, ''क्यों जी, पड़ोसी की तीसरी पत्नी भी मर गई तुम मुर्दनी में नहीं जाओगे।''
पति, ''नहीं।''
पत्नी, ''क्यों ?''
पति, ''उसने मुझे दो बार बुलाया। बदले में मैंने उसे कभी एक बार भी बुलाया ?''

10.4. अर्थ निर्णय : अर्थ के विचार से शब्द दो प्रकार के होते हैं : एकार्थी और अनेकार्थी। एकार्थी उस शब्द को कहते हैं जिसका केवल एक ही अर्थ हो। ज्यों-ज्यों कोई भाषा विकसित होती है, उसके प्रायः प्रत्येक शब्द के अनेक अर्थ होते जाते हैं। किसी भी समुन्नत भाषा में बहुत थोड़े शब्द ऐसे रह जाते हैं जिनके केवल एक ही अर्थ हों। ''गाय'' का मौलिक अर्थ केवल वह पशु है जो हमें दूध देता है और जिसकी हम पूजा करते हैं। किंतु हम उस व्यक्ति को भी ''गाय'' कहते हैं जो बहुत सीधा-सादा होता है। यह उसका लाक्षणिक अर्थ है।

''घन'' का सामान्य अर्थ है ''बादल''। किंतु लोहार का हथौड़ा भी घन कहलाता है। यदि किसी राशि को हम उसी से दो बार गुणा करें तो फल को उक्त राशि का घन कहते हैं, जैसे :

$$5 \times 5 \times 5 = 5^3 + 125$$

अर्थात् 5 घन = 125
ये तो ''घन'' के बहुप्रचलित अर्थ हैं । कोशों में इस शब्द के 17-18 अर्थ दिए होते हैं जो कम प्रचलित होते हैं ।

किस स्थान पर किस शब्द का क्या अर्थ लगाया जाएगा, इस अध्याय में हम इसी विषय का विवेचन करेंगे । अर्थ निर्णय में किस-किस बात का विचार करना होता है, उनका हम स्थूल रूप से वर्णन करेंगे, किंतु ऐसे विषय में कोई नपेतुले नियम नहीं बनाए जा सकते जो कोई सुस्पष्ट और सुगम मार्ग निर्धारित कर सकें ।

10.5. एकार्थी शब्दों का अर्थ निर्णय : एकार्थी शब्दों के अर्थ निर्णय के नौ साधन माने गए हैं : (1) वक्ता (2) श्रोता, (3) वाक्य (4) अन्य-सन्निधि, (5) प्रकरण (6) देश (7) कुल, (8) काकु (9) चेष्टा ।

10.5.1. वक्ता : सेठ जी सवेरे उठते ही आवाज़ देते हैं कि ''तमाखू लाओ'' । यह नौकर के लिए आदेश है कि ''चिलम भर दो ।'' किंतु शाहजहांपुर के आस-पास ''तमाखू'' का अर्थ है ''लगा हुआ पान , जिसमें तंबाकू पड़ा हो ।'' ऐसे व्यक्ति यह कभी नहीं कहेंगे कि ''पान लाओ ।''

परंतु कुछ लोग बीड़ी पीने के आदी होते हैं जो देसी तंबाकू को पत्ते में लपेटकर बनाई जाती है । जब वे नौकर से कहते हैं कि ''बाजार से तंबाकू लाओ'' तो अर्थ होता है ''बीड़ी का एक बंडल लाओ ।''

एक समय था, जब राजस्थान में एक विशेष प्रकार के ठग हुआ करते थे । वे आठ-दस की टोलियों में रहते थे । उन दिनों यातायात के साधन तो सुलभ थे नहीं । लोग अधिकतर पैदल ही चला करते थे । जहां कहीं पांच-सात यात्री दिखाई देते थे, ये ठग उन्हें घेर लेते थे । ये लोग गाने-बजाने में भी दक्ष होते थे । इस प्रकार गोल चक्र बनाकर बैठते थे कि एक ठग के बग़ल में एक यात्री । प्रत्येक ठग की जेब में एक रूमाल रहता था जिसमें एक पैसा बंधा रहता था ।

गाना-बजाना होता रहता था। जब ठगों का सरदार देखता था कि यात्री बिल्कुल असावधान हो गए हैं, वह आवाज़ लगाता था कि ''तमाखू लाओ ।'' यह संकेत सुनते ही प्रत्येक ठग जेब से रूमाल निकालकर अपनी बाईं ओर के यात्री के गले में बांध देता था । ये लोग इतने सिद्धहस्त होते थे कि कभी इनका निशाना चूकता नहीं था । रूमाल को कसते ही पैसा यात्री के टेंटुए को दबा देता था और कुछ मिनट में ही उसके प्राण पखेरू उड़ जाते थे । फिर ये ठग सारे यात्रियों का माल-मत्ता लूट लेते थे ।

इस प्रकार हम देखते हैं कि भिन्न-भिन्न वक्ताओं के मुंह से निकला हुआ एक ही पदबंध भिन्न-भिन्न अर्थ देता था।

10.5.2. श्रोता : मुर्गा सवेरे का प्रहरी कहलाता है । मुर्गे की बांग सुनते ही हम समझ जाते हैं कि सवेरा आ पहुंचा । किंतु सवेरा सबको एक से संदेशे नहीं देता । किसान के लिए वह

इस बात का संकेत है कि खेत पर जाने की तैयारी करो। चौकीदार सोचता है कि अब ड्यूटी समाप्त होने वाली है। वह घर जाकर आराम करेगा। घर की स्त्रियां गाय दुहने बैठ जाएंगी। घोसी घर-घर से गाय बटोरकर मैदान में चराने ले जाएंगे।

पुजारी सोचता है कि अब उसे पूजा का सामान जुटाना है। जिन लोगों की सवेरे उठते ही चिलम पीने की आदत है, वे आग सुलगाने में तत्पर दिखाई देंगे। स्कूल के बच्चे सोचेंगे कि मास्टर साहब ने जो "घर का काम" दिया है, उसे झटपट निबटा दूं ताकि स्कूल जाने में देर न हो। एक पुरानी द्विपदी है :

रात गई, अब हुआ सबेरा, उठो खसम की नानी।
चौका बरतन मैं कर लूंगी, तुम भर लाओ पानी।।

इस प्रकार एक मुर्गे की बांग का लोग भिन्न-भिन्न अर्थ लगाते हैं।

कभी आपने कबूतर की गुटर गूं पर ध्यान दिया है। कुछ लोग उक्त ध्वनि का संबंध एक पुरानी कहानी से जोड़ते हैं, और उसका यह मतलब लगाते हैं :

कूटूं थी, पीसूं थी, आया था, गया था

उक्त ध्वनि के और भी कई अर्थ दिए जाते हैं :

नानी मां, बोलो ना, अम्मां री, खाना दे।

10.5.3. वाक्य : कभी-कभी किसी वाक्य में शब्द का वही अर्थ नहीं होता जो स्वतत्र प्रयोग में होता है। अतः किसी शब्द का अर्थ समझाने के लिए उसका वाक्य में प्रयोग करके दिखाना आवश्यक हो जाता है।

"न" और "नहीं" का सामान्य अर्थ नकारात्मक है। किंतु जब हम किसी से पूछते हैं कि "पड़ोसी के पुत्र के विवाह में सम्मिलित होने जाओगे न ?" तो इसका अर्थ यह होता है कि हम चाहते हैं अवश्य जाओ। अतएव, इस वाक्य में "न" का अर्थ नकारात्मक नहीं है।

हम पहले कह आए हैं कि दो नकारात्मक निपात मिलकर एक सकारात्मक निपात का काम देते हैं। किंतु कहीं-कहीं पर दोनों मिलकर भी नकारात्मकता ही द्योतित करते हैं। जैसे, "तुमने ऐसा तो नहीं कहा था ? नहीं, ना।" यहां "नहीं, ना" का अर्थ भी है "निश्चित रूप से नहीं।"

एक सभा में व्याख्यान होने वाला था। अध्यक्ष महोदय ने व्याख्याता का परिचय इस प्रकार दिया : "आज नगर के वज्र मूर्खों पर व्याख्यान होने वाला है। और व्याख्याता महोदय स्वयं (थोड़ी देर की चुप्पी के बाद)...एक बहुत ही बुद्धिमान व्यक्ति हैं।"

व्याख्याता महोदय ने इस प्रकार आरंभ किया : "मैं इतना मूर्ख नहीं हूं जितना आपके अध्यक्ष महोदय (थोड़ी देर की चुप्पी के बाद) समझते हैं।

10.5.4. अन्य-सन्निधि : कभी-कभी ऐसा भी होता है कि हम कोई बात कह रहे हैं और कोई ऐसा व्यक्ति आ गया जिसके सामने वह बात कहने की नहीं है। हमें तुरंत शब्दों का

हेर-फेर करके बात को बदल देना पड़ता है।

एक व्यक्ति की जब पहली पत्नी मर गई तब उसने दूसरा विवाह किया। किसी दिन मित्रमंडली में हंसी-मज़ाक हो रहा था तो ये बोले, "मैंने जीवन भर में दो बार स्त्री (इस्त्री) की है, और दोनों बार पछताया हूं।" इतने में कोई बुज़ुर्ग आ गए। उन्होंने बात सुन ली तो पूछा कि "क्यों? पछताए क्यों?" वे बोले, "क्योंकि दोनों बार कपड़ा जल गया।"

10.5.5. प्रकरण : प्रकरण से भी शब्दों का अर्थ बदल जाता है।

(क) स्कूल की एक कक्षा में अध्यापक ने पूछा, "औसत (मध्यक, Average) किसे कहते हैं?"

एक लड़के ने बड़े तपाक से कहा, "औसत एक गहरा बरतन होता है जिसमें मुर्गी अंडे देती है।"

अध्यापक, "यह अर्थ तुम्हें कहां से मिला?"

लड़का, "जी, मेरी पुस्तक में दिया हुआ है।"

लड़के ने पुस्तक दिखाई। लिखा हुआ था, एक मुर्गी वर्ष भर में औसत में छह अंडे देती है।"

(ख) एक महोदय व्याख्यान दे रहे थे :

"जब राजा भर्तृहरि ने अर्जुन पर तीर चलाया......

श्रोताओं में से एक उठकर बोला, "यह आप क्या कह रहे हैं? कहां भर्तृहरि का समय, कहां अर्जुन का ज़माना।"

व्याख्याता बोले, "ओ हो, बड़ी गलती हो गई। बात दरअसल यह है कि मैंने रामायण पढ़ी ही नहीं है।"

स्पष्ट है कि प्रकरण का विवेचन भी समझदारी से करना चाहिए।

(ग) एक व्यंग्य चित्र दो भागों में दिया गया था। ऊपर के भाग में विधान सभा भवन दिखाया गया था जिसका दरवाजा बंद है। दरवाजे पर एक पटल लगा है जिस पर लिखा हुआ है "विधान सभा भंग"। एक व्यक्ति सामने खड़ा है और उसे पढ़ रहा है।

नीचे के भाग में दिखाया गया है कि वही व्यक्ति एक सिल पर लोढ़े से "भंग" घोट रहा है और नीचे लिखा हुआ है "एक रुपए में एक कुल्हड़"।

10.5.6. देश : यदि किसी मिल में भोंपू बजता है तो उसका अर्थ है कि "मिल का काम चालू होनेवाला है"। यदि किसी ट्रक का भोंपू बजता है तो मतलब यह है कि हमें आगे जाने दो, मार्ग से हट जाओ। अर्थात् भिन्न-भिन्न स्थानों में शब्द के भिन्न-भिन्न अर्थ होते हैं।

10.5.7. काल : यदि परीक्षाभवन में घंटा बजता है तो उसका अर्थ है कि "उत्तर देने का समय समाप्त हो गया। कापी देकर परीक्षाभवन से बाहर निकल जाओ।" यदि रमज़ान के दिनों में सवेरे तड़के घंटा बजे तो समझो कि "आखिरी सहरी का समय है"। इस प्रकार हम देखते हैं कि "काल" से भी शब्द का अर्थ बदल जाता है।

10.5.8. काकु : किसी वाक्य में भिन्न-भिन्न शब्दों पर जोर देने से वाक्य का अर्थ बदल जाता है । क्या मैंने बच्चे को मारा था ? यह सामान्य प्रश्न है किंतु यदि हम "मैंने" पर जोर देकर बोलें, "क्या "मैंने" बच्चे को मारा था ?" तो इसका मतलब यह होगा कि मैंने तो बच्चे को नहीं मारा । किसी और ने मारा होगा ।

क्या मैंने बच्चे को मारा था ? "बच्चे को" पर जोर देने से अर्थ यह होगा कि मैंने बच्चे को तो नहीं मारा, किसी और को भले ही मारा हो । क्या मैंने बच्चे को "मारा" था ? मैंने बच्चे को मारा तो नहीं था, हां डांटा-डपटा होगा ।

10.5.9. चेष्टा : कभी-कभी हम अपने हाव-भाव और इंगित से ही अपना मतलब समझा लेते हैं ।

"राम चरित मानस" के अयोध्या कांड में एक प्रसंग आता है कि जब गांव के स्त्री-पुरुष, राम-लक्ष्मण-सीता को देखते हैं तो उनकी सुंदरता पर मुग्ध हो जाते हैं । स्त्रियां सकुचाकर सीता जी से पूछती हैं, "ये दोनों सुंदर राजकुमार तुम्हारे कौन हैं ?" सीता जी संकोचपूर्वक बोलती हैं,

"सहज सुभाय सुभग तन गोरे ।
नाम लखन, लघु देवर मोरे ।।
बहुरि बदन, बिधु अंचल ढांकी ।
पिय तन चितई भौंह करि बांकी ।।
खंजन मंजु तिरीछे नयननि ।
निज पति कहेउ तिन्हहि सियं सयननि ।।

अर्थात्, "ये जो सहज स्वभाव, सुंदर और गोरे शरीर के हैं, उनका नाम लक्ष्मण है । ये मेरे छोटे देवर हैं ।"

फिर सीता जी ने (लज्जावश) अपने चंद्रमुख को आंचल से ढककर और प्रियतम (श्री रामचंद्र जी) की ओर निहारकर भौंहें टेढ़ी करके, खंजन-पक्षी के से सुंदर नेत्रों को तिरछा करके इशारे से उन्हें समझा दिया कि "ये मेरे पति हैं ।"

कैसा सुंदर प्रसंग है । सीता जी ने लक्ष्मण जी के विषय में स्पष्ट रूप से अपना संबंध बताया, किंतु श्री राम जी के विषय में एक शब्द भी मुंह से नहीं कहा, केवल इशारे से ही सब कुछ कह दिया । यह है मर्यादा का पालन ।

10.6. अनेकार्थी शब्दों का अर्थ निर्णय : अनेकार्थी शब्दों के अर्थ निर्णय के 14 प्रकार निश्चित किए गए हैं ।

10.6.1. संयोग : कभी-कभी किसी प्रसिद्ध शब्द के संयोग से अर्थ स्पष्ट हो जाता है । "गोचर" शब्द के कई अर्थ हैं :

(1) जिसका ज्ञान इन्द्रियों द्वारा हो सके।
(2) गायों द्वारा चरा हुआ।
(3) रहनेवाला, विचरने वाला।
(4) पृथ्वी पर रहने या चलनेवाला।

किंतु जहां "गोचर भूमि" पदबंध आएगा, वहां भूमि शब्द के संयोग के कारण इसका अर्थ चरागाह ही होगा।

10.6.2. वियोग : कभी-कभी प्रसिद्ध संबंध के अभाव से भी अर्थ निकल आता है। आजकल उसका "हाथ खाली है," इसका अर्थ यह है कि इन दिनों उसके पास धन का अभाव है। जब हम किसी भिखारी से कहते हैं कि इस समय "हमारा हाथ खाली नहीं है" तो अर्थ यह होता है कि हम अत्यधिक व्यस्त हैं, भीख देने का समय नहीं है। "जा तो रहे हो, किंतु वहां से खाली हाथ लौटना पड़ेगा।" यहां यह अर्थ होगा कि "वहां तुम्हारा मनोरथ पूरा नहीं होगा। निराश लौटकर आओगे।"

10.6.3 साहचर्य : महाभारत में एक प्रसंग आता है कि समाचार फैल गया कि "अश्वत्थामा मारा गया।" पांडव जानते थे कि गुरु द्रोणाचार्य यह अशुभ समाचार सुनते ही हथियार डाल देंगे। किंतु द्रोणाचार्य को इस खबर पर विश्वास नहीं हुआ। उन्होंने कहा, "यदि धर्मराज युधिष्ठिर कह देंगे तो मैं मान लूंगा क्योंकि धर्मराज झूठ नहीं बोल सकते।" अतः उन्होंने धर्मराज से पूछा। इतने में ही "अश्वत्थामा" नाम का हाथी मारा गया। धर्मराज जी बोले, "अश्वत्थामा हतो... इसके बाद वे कह रहे थे कि "नरो वा कुंजरो वा"। अर्थात् "अश्वत्थामा मारा गया, पता नहीं पुरुष या हाथी।" किंतु दुंदगपाड़े में यह आवाज़ दब गई। उस समय गुरु द्रोण को अश्वत्थामा नामक हाथी का ध्यान तो आ ही नहीं सकता था। उनके लिए तो अपने पुत्र अश्वत्थामा का ही महत्व था। उन्होंने वही समझा और हथियार डाल दिए।

10.6.4. विरोध : यों तो "कृष्ण" के और भी कई अर्थ हैं किंतु जहां कृष्ण और कंस का नाम एक साथ आएगा, वहां "कृष्ण जी" से तात्पर्य भगवान श्रीकृष्ण का ही समझा जाएगा।

10.6.5. प्रयोजन : कुर्सी का सामान्य अर्थ बैठने का आसन विशेष होता है। किंतु जिस चबूतरे पर कोई भवन बनाया जाता है, उसे भी कुर्सी कहते हैं और कुर्सी "पद" का समानार्थी भी हो जाती है।

एक न्यायाधीश बहुत छोटे क़द के थे। एक दिन एक वकील से बोले, "यह कुर्सी (आसनदी) मेरे लिए सुखद नहीं है।"

वकील महोदय बोले, "जी हुजूर, यह कुर्सी (जज का पद) आपके लिए बहुत ऊँची है।"

पहले वाक्य में बैठने का प्रयोजन था, इसलिए कुर्सी का अर्थ "आसनदी" हुआ। दूसरे में वकील साहब का प्रयोजन व्यंग्य करने का था। इसलिए कुर्सी का प्रयोग "पद" के अर्थ में किया।

10.6.6. प्रकरण : अर्थ समझने का सबसे शक्तिशाली साधन प्रकरण ही होता है। इसका उल्लेख हम "अर्थ प्रतीति के साधन" शीर्षक के अंतर्गत कर चुके हैं।

"छेदीलाल किस बात पर इतनी उद्दंडता दिखाता है।"
"बैल तो खूंटे के बल पर ही नाचता है।"
"क्या मतलब ? कैसा खूंटा और कैसा बैल ?"
"जानते नहीं हो उसे टेकचंद का सहारा प्राप्त है जो आजकल प्रदेश के मंत्रिमंडल में हैं।"

"अर्थ" का सामान्य अर्थ है : "अभिप्राय, मानी, आशय।" पदबंध "शब्द" का अर्थ "मैं" यही अर्थ है। किंतु "मेरा आना भी किस अर्थ का हुआ ?" इसमें "अर्थ" का अर्थ है "प्रयोजन", "हेतु"। "देश की अर्थ-व्यवस्था" में "अर्थ" से तात्पर्य है "द्रव्य, रुपया-पैसा"। और "अर्थ-व्यवस्था" का मतलब है "वित्तीय व्यवस्था, आय-व्यय का संचालन"।

कृष्ण जी ने बचपन के दिनों में पूतना नामक राक्षसी का दूध पीकर उसके प्राण ले लिए थे। उसका वर्णन एक कवि इस प्रकार करता है :

जीवन उसका पूत[1] ना, उसके कोई पूत ना[2]।
पूत[3] बना हरि को अहो, पूत[4] हुई वह पूतना।।

10.6.7. चिह्न : घनश्याम के दो अर्थ हैं : कृष्ण और काले बादल। "हे री घनश्याम, कही सीत सरसाले है"। यहां स्पष्ट है कि घनश्याम का अर्थ बादल है। किंतु "जाने क्या-क्या है छिपा हुआ घनश्याम तुम्हारी आंखों में" इस पंक्ति में "घनश्याम" का प्रयोग कृष्ण जी के लिए हुआ है।

10.6.8. सान्निध्य : कहीं-कहीं किसी प्रसिद्ध शब्द के सान्निध्य से अर्थ निकालने में सुविधा होती है। जहां कांग्रेस के साथ "सरदार" नाम आएगा, वहां इससे "सरदार पटेल" का नाम ही समझा जाएगा, यद्यपि देश में लाखों अन्य सरदार हैं।

10.6.9. सामर्थ्य : कभी-कभी कर्ता की शक्ति पर विचार करने से भी काम चल जाता है। रामचरित मानस के धनुष-यज्ञ प्रसंग में जब जनक जी के वक्तव्य पर लक्ष्मण जी को क्रोध आया तो वे राम जी से बोले :

"जो राउर अनुशासन पाऊं। कंदुक इव ब्रह्मांड उठाऊं।"

1, 4. पवित्र 2, 3. पुत्र

ब्रह्माण्ड का अर्थ कपाल, अर्थात् खोपड़ी भी है किंतु यहां लक्ष्मण जी अपनी शक्ति का बखान कर रहे हैं। एक खोपड़ी उठाने में कौन-सी वीरता होगी। अतएव, यहां ब्रह्मांड का दूसरा अर्थ "सारा विश्व" ही लेना पड़ेगा।

10.6.10. औचित्य : "दुमुंही एक प्रकार का सांप होता है जिसके दोनों सिरों पर एक-एक मुंह होता है। और दुमुंही सुनार का एक औज़ार भी होता है। अतः यदि प्रसंग आए कि किसी को दुमुंही ने काट लिया तो सांप का ही अर्थ लगाना पड़ेगा क्योंकि कोई औजार किसी को काट नहीं सकता।

10.6.11. देश : कभी-कभी स्थान विशेष भी अर्थ निर्णय में सहायक हो जाता है। जब सम्राट अकबर सवेरे टहलने जाया करते थे तो दो हाली-मवाली उनके साथ रहते थे। यदि चलते-चलते कोई बात ध्यान में आती थी तो उसी समय कागज पर टांक दिया करते थे।

एक बार टहलते-टहलते एक पुरानी इमारत के सामने ठिठककर खड़े हो गए। एक कागज पर लिखा "दो मन सामग्री" और एक परिचारक को दे दिया। कोई इसका मतलब नहीं समझ सका। सम्राट से पूछने का साहस नहीं पड़ा। तब सब लोग बीरबल के पास गए और उन्हें कागज दिखाया। बीरबल ने उनसे कहा कि मुझे उस स्थान पर ले चलो जहां सम्राट ने यह कागज लिखा था।

सब लोग उक्त इमारत के सामने पहुंचे। बीरबल ने देखा कि इमारत की एक दीवार ढह रही है। तुरंत कहा, "फौरन 2 मन चूना, सुर्खी आदि इकट्ठी करो और इस दीवार की मरम्मत कराओ।" राज-मज़दूर लगा दिए गए और दो-चार दिन में ही दीवार तैयार हो गई। सम्राट को बुलाकर दिखाई। वे बहुत प्रसन्न हुए और बोले कि "मेरा यही मतलब था।"

10.6.12. काल : कभी-कभी शब्दों का अर्थ निर्धारण काल द्वारा भी किया जाता है। काल से मतलब ऋतु, मास, पक्ष का भी हो सकता है, प्रातः-संध्या का भी।

> फूलन दे अब टेसू कदंबन, अंबन मौरन छावन दे री।
> री मधुमत मधूपन पूंजन-कुंजन सोर मचावन दे री।।
> क्यों सहि है सुकुमारि "किशोर" अली कलि कोकिल गावन दे री।
> आवत ही बनि है घर कंतहि, वीर बसंतहि आवन दे री।।

कोशों के अनुसार "मधुमत्त" के दो अर्थ हैं : (1) शराब के नशे में चूर। (2) बसंत ऋतु के प्रभाव से मस्त और आनंदित। ऊपर के सवैये में आदि से अंत तक बसंत ऋतु का वातावरण स्पष्ट दिखाई पड़ता है। अतः "मधुमत्त" का अर्थ (2) ही समीचीन बैठ रहा है।

"मधुप" के भी कई अर्थ हैं : (1) भौंरा (2) शहद की मक्खी (3) उद्धव (4) देवता, जो मधु पीते हैं। सवैये की दूसरी पंक्ति के शेष भाग से "भौंरा" अर्थ का ही सामंजस्य बैठता है। अतः यहां अर्थ निर्णय में काल ही सहायक है।

10.6.13. व्यक्ति (लिंग) : कहीं-कहीं शब्द के लिंग से अर्थ का पता चल जाता है । हम जानते हैं कि "कुदान" शब्द के दो अर्थ हैं : (क) कुदान – (स्त्री) कूदने की क्रिया या भाव, (ख) कुदान कु = दान = (पु.) अवांछनीयदान । अब यदि कहीं लिखा हो कि "उसने तो लंबी कुदान मारी है," तो स्पष्ट है कि इसका पहला अर्थ लिया जाएगा । इसी प्रकार, (अ) उप माता = (पु.) उपमा देने वाला । (ब) उप-माता = (स्त्री) सौतेली मां ।

10.6.14. स्वर : कुछ बातों का पता स्वर भेद से ही चल जाता है । जैसे क्या बात है ?–क्या मामला है ? आदि । (क) "क्या बात है!" क्या कहने, शाबाश! (ख) "क्या कहा ?"–इसमें सीधा सा प्रश्न है ? (ग) "क्या कहा ?"–इसमें अचरज की भावना है । "क्या कहा, ज़रा फिर से तो कहो," इसमें नाराज़गी का पुट है ।

11. अर्थ परिवर्तन की दिशाएं

11.1. भाषा कोई स्थिर जल कुंड नहीं है, बहता पानी है। इसमें सदैव गति रहती है। पुराने पदबंध छूटते रहते हैं, नए बनते रहते हैं। मुहावरों का भी यही हाल है। शब्दों के आर्थी-क्षेत्र में भी नित्य परिवर्तन होते रहते हैं। ये सारे परिवर्तन लक्षणा शक्ति के कारण ही होते हैं। इस परिवर्तन की मुख्य रूप से पांच दिशाएं होती हैं :

1. अर्थविस्तार
2. अर्थसंकोच
3. अर्थादेश
4. अर्थोत्कर्ष
5. अर्थापकर्ष

हम एक-एक करके इन सब दिशाओं का विवेचन करेंगे।

(1) अर्थविस्तार : जब किसी शब्द के अर्थ का प्रयोग क्षेत्र बढ़ जाता है। तब उसे अर्थविस्तार कहते हैं।

(क) तिल से जो स्नेह निकलता है, पहले उसी को तेल कहते थे। उससे मालिश होती है, अनेक दवाइयों में डाला जाता है। किंतु उसका अर्थप्रयोग विस्तृत होता गया। अब तो सरसों, नारियल, सबके स्नेह को तेल कहते हैं। यहां तक कि इसका प्रयोग अब मिट्टी के तेल के लिए भी होता है क्योंकि यह धरती से निकाला जाता है।

एक व्यक्ति किसी रेस्तरां में खाना खा रहा था। जो पेय उसे दिया गया था उसका स्वाद उसे पसंद नहीं आया। उसने बैरे को बुलाकर क्रोध से पूछा, "यह पेय चाय है या कॉफी ? इसका स्वाद तो नारियल के तेल-जैसा है।"

बैरा बोला, "तब तो यह चाय ही होगी, क्योंकि हमारी कॉफी का स्वाद तो मिट्टी के तेल-जैसा होता है।"

तेल शब्द अब इतना प्रचलित हो गया है कि इसके साथ कई मुहावरे और कहावतें भी जुड़ गई हैं :

1. वह तो अपने मज़दूरों से इतना काम लेता है कि उनका तेल निकाल लेता है।
2. तिल का ताड़ बनाना।
3. इन तिलों में तेल नहीं है।

(ख) "निपुण" का पुराना अर्थ था "पुण्य करनेवाला"। अब तो जो कोई किसी काम

में दक्ष हो जाए, उसे निपुण कहते हैं। बढ़िया टोकरी बनानेवाला, मिट्टी के खिलौने बनानेवाला कुम्हार, बिजली का मिस्त्री—सब निपुण कहलाते हैं। यहां तक कि जो चोरी में दक्ष होते हैं, उन्हें भी लोग निपुण चोर कहते हैं।

(ग) जो लोग वीणा बजाने में दक्ष हो जाते थे, उन्हें "प्रवीण" कहते थे। आज तो जो कोई किसी भी काम में सिद्धहस्त हो जाए, प्रवीण कहलाता है। "गृह" कार्य में प्रवीण, सीने-पिरोने में प्रवीण, हलुआ बनाने में प्रवीण-जैसे प्रयोग भी चलते हैं।

(घ) इसी ढंग का एक शब्द "कुशल" है, इसका मौलिक अर्थ था "कुशा लानेवाला"। जो कोई कुशा उखाड़ने में दक्ष हो जाता था, कुशल कहलाता था। अब तो "कुशल" का भी लगभग वही अर्थ है जो "निपुण" या "दक्ष" का।

यहां हम "कुशल" के विशेषण रूप पर ही विचार कर रहे हैं। संज्ञा रूप में इसका अर्थ है "क्षेम, राजीखुशी, ख़ैरियत।"

(ङ) पंडित का मौलिक अर्थ था "विद्वान, ज्ञानी", किंतु आज समस्त ब्राह्मणों को पंडित कहा जाता है।

(च) सब्जी का पुराना अर्थ था "हरी तरकारी"। इस अर्थ के अंतर्गत केवल साग भाजी, सोया, पालक, धनिया, पोदीना, सेम, लौकी, करेला आदि आते थे। किंतु आज तो आलू, अरबी, काशीफल, जमींकंद आदि सब आते हैं। इनमें से किसी का भी रंग "सब्ज" (हरा) नहीं होता है। यों विशेषण के रूप में अब भी सब्ज का अर्थ "हरा" ही है। सफ़ेदी पर स्याह रंग की झलक वाले घोड़े को अब भी "सब्जा" कहा जाता है।

(छ) अभ्यास का प्रयोग पहले केवल तीर चलाने आदि के संबंध में होता था। अब तो किसी भी कार्य-कलाप के विषय में होता है। यहां तक कि गणित के प्रश्न करने का भी "अभ्यास" करना पड़ता है।

(ज) संस्कृत के शब्द "कल्य" और "परश्व" केवल आनेवाले कल और परसों के लिए प्रयुक्त होते थे। अब पिछले कल और परसों के लिए भी इनका प्रयोग होता है।

(झ) स्याह का अर्थ है "काला"। इसी कारण, जिस रोशनाई से हमारे पूर्वज बहीखाते पर लिखा करते थे और जो काले रंग की होती थी "स्याही" कहलाती थी। किंतु अब तो लाल, पीले, हरे आदि सब रंगों की रोशनाई को स्याही कहते हैं।

एक मौलवी साहब बहुत ही काले रंग के थे। यों तो उनकी कक्षा के सब लड़के स्याही की दवात लाते थे, किंतु एक लड़के की स्याही अत्यधिक काली होती थी। एक दिन असावधानी से उसकी स्याही मौलवी साहब के तकिए पर गिर गई। मौलवी साहब बहुत बिगड़े और बोले, "यह किसने गिराई है?" कक्षा में सन्नाटा छा गया।

सब लड़कों और मौलवी साहब का संदेह उसी लड़के पर हुआ। मौलवी साहब ने उसे बुलाकर पूछा, "यह स्याही तुमने गिराई है?"

लड़का, "जी नहीं।"

मौलवी, "फिर यह कहां से आई?"

लड़का डरते-डरते बोला, "आपका पसीना लग गया होगा।"

(ञ) कई शब्दों का संबंध ''गौ'' (गाय) से है। जिस स्थान पर गायें बांधी जाती थीं, उसे ''गोष्ठ'' कहते थे। आज भी ''गोष्ठी'' सभा के अर्थ में प्रयुक्त होती है, और ''सज्जन-गोष्ठी'' अनौपचारिक बैठक के अर्थ में। ''गायगोठ'' और ''गोशाला'' का प्रायः एक ही अर्थ है।

जब किसी की गाय चोरी जाती थी तो वह पुकार करता था जिसे गोहार कहते थे। आज किसी भी काम के लिए जोर से आवाज़ देने को ''गोहार'' कहते हैं। ''गोहार'' से ही ''गोहरखा'' निकला है जो अवधी में ''पुकारने'' के अर्थ में चलता है। गँवारू भाषा में इसी को ''घुराना'' कहते हैं।

''गवेषणा'' का मौलिक अर्थ था ''गाय को खोजना'', पर आज यह शब्द किसी भी प्रकार की खोज या अनुसंधान के लिए प्रयुक्त होता है।

(ट) इसी प्रवृत्ति के कारण कुछ व्यक्ति वाचक संज्ञाएं जाति वाचक बनती जा रही हैं। यदि कोई सत्यवादी दिखाई पड़ता है, हम उसे हरिश्चंद्र कहने लगते हैं। इसी प्रकार किसी धार्मिक आचरणवाले को युधिष्ठिर कह देते हैं।

जयचंद का अर्थ ही धोखेबाज़ हो गया है। किसी व्यक्ति को, जो इधर की उधर लगाकर झगड़ा कराता फिरता है, हम नारद की उपाधि दे देते हैं। विभीषण के नाम पर तो कहावत ही बन गई है ''घर का भेदी लंका ढावे।''

गंगा हमारे देश की सबसे पवित्र नदी कहलाती है। इसी बिना (आधार) पर बहुत से दक्षिणी लोग अपनी नदियों के नाम के आगे भी ''गंगा'' लगा देते हैं। जैसा गोदावरी गंगा, कावेरी गंगा।

(2) अर्थसंकोच : जब किसी शब्द का आर्थी क्षेत्र पहले की तुलना में सीमित होने लगता है तो उसे अर्थसंकोच कहते हैं।

(क) मृग : इसका मौलिक अर्थ था ''जंगली पशु''। इस नाम के अंतर्गत बड़े जानवर भी आते थे जैसे हाथी, सिह आदि और छोटे जानवर भी जैसे हिरन, खरगोश। जंगली पशुओं के शिकार को ''मृगया'' कहते थे। पशुओं में सबसे श्रेष्ठ सिह था, इसलिए उसे मृगेंद्र, मृगपति, मृगराज कहते थे। किंतु अब यह शब्द हिरन के लिए विशेषित हो गया है।

(ख) गो : इसका अर्थ है चलने वाला। अतः पहले गाय, बैल, घोड़ा, गधा सभी पशुओं को ''गो'' कहते थे। किंतु अब यह शब्द केवल ''गाय'' का अर्थ देता है।

(ग) मुर्ग : मुर्ग का अर्थ था ''चिड़िया''। अतः ''शुतुरमुर्ग'' नाम पड़ा ऐसे पक्षी का जिसे ''पक्षियों का राजा'' कहा जाए। फिर ''मुर्गाबी'' शब्द प्रयोग में आया जिसका अर्थ है, ''जल का पक्षी'' (आब=जल)

कुछ लोगों की प्रवृति होती है दुहरा विशेषण बनाने की, जैसे खालिस दूध = शुद्ध दूध, किंतु कुछ लोग इसे ''निख़ालिस दूध'' कहते हैं। वास्तव में ''निख़ालिस'' = जो ख़ालिस न हो, अर्थात् जो अशुद्ध हो, जिसमें मिलावट हो। किंतु ''ख़ालिस'' के अर्थ में ''निख़ालिस'' चल रहा है। इसी प्रकार कुछ लोग ''बे फ़िज़ूल'' को ''फिजूल'' के अर्थ में इस्तेमाल करते हैं।

बहुत से लोग जो उर्दू नहीं जानते थे, मुर्ग़ाबी को ''जल मुर्ग़ाबी'' कहने लगे, इस बात पर ज़ोर देने के लिए कि यह एक जल का पक्षी है। कुछ व्यक्तियों को इससे भी संतोष न हुआ और वे उसी पक्षी को ''पानी की जल मुर्ग़ाबी'' कहने लगे।

(घ) जलज : इसका अर्थ है ''जो जल से निकला हो''। इस प्रकार मछली, मेंढक, सेवार सबको जलज, पंकज या नीरज कहना चाहिए किंतु प्रयोग से ये तीनों शब्द कमल के लिए ही विशेषित हो गए हैं।

(ङ) जगत : इसका अर्थ है ''खूब चलने वाला''। इस प्रकार बहुत से पशु तो इस अर्थ में समाविष्ट हो ही जाएंगे। रेल, मोटर, साइकिल भी ''जगत'' कहलाएंगे। किंतु प्रयोग से ''जगत'' संसार को ही कहते हैं।

(च) अनुकूल : इसका अर्थ है किनारे के साथ-साथ, किंतु आज जो कोई हमारे जैसे विचारों का हो, वही हमारे अनुकूल है। ''कूल'' से अब इस शब्द का कोई संबंध नहीं रह गया है। इसी प्रकार के शब्द हैं, अनुसारी, अनुयायी, अनुवादी...।

(छ) श्राद्ध : जो कोई भी काम श्रद्धा से किया जाता था, श्राद्ध कहलाता था, किंतु अब मृत्यु के बाद के एक विशेष कर्मकांड को ही श्राद्ध कहते हैं।

(ज) भार्या : उसे कहते थे जिसका भरणपोषण किया जाए। इस प्रकार प्रत्येक आश्रिता ''भार्या'' कहला सकती थी, चाहे पत्नी हो, चाहे विधवा बहन, चाहे रखैल। किंतु आज इसका अर्थ ''पत्नी'' ही समझा जाता है।

किसी की पत्नी बीमारी से उठी। उसे डाक्टरों ने परामर्श दिया कि कुछ दिन उसे पौष्टिक भोजन कराया जाए। उसने सोचा कि वह मायके चली जाए। उसकी मां उसकी अच्छी सेवा करेगी। एक महीने मायके रहकर उसने पति को लिखा कि ''यहां तो मेरी कोई भी परवा नहीं करता। इस एक महीने में ही मेरा शरीर आधा रह गया है। अब मुझे बुला लो।'' पति ने उत्तर दिया कि ''अभी एक महीना और मायके में ही रहो।''

(झ) सुर्ख़ी : सुर्ख़ी का अर्थ है ''लाली''। किंतु हर लाल वस्तु को सुर्ख़ी नहीं कहते। केवल ईंट के लाल चूरे को ही यह नाम दिया गया है।

(ञ) संस्कृत में ''घृ'' धातु का संबंध ''सींचना'' से है। खेत पानी से सींचा जाता है। अतः घृत का अर्थ पानी भी होना चाहिए। और था भी किंतु अब इसका अर्थ केवल ''घी'' है।

(ट) पर्वत का अर्थ है ''पोरों वाला''। अतः इसका अर्थ गन्ना, सरकंडा, और नरकुल भी हो सकता था, किंतु अब यह शब्द ''पहाड़'' के अर्थ में ही चलता है।

(ठ) पहले वेदना दुख, सुख दोनों के लिए चलता था। अब केवल पीड़ा, कष्ट आदि के लिए ही प्रयुक्त होता है। ''संवेदना'' दुख के समय ही दिखाई जाती है।

(ड) घृणा का संबंध पहले दया से भी उतना ही था, जितना नफ़रत से। अब यह शब्द केवल इस दूसरे अर्थ में ही चलता है।

(ढ) ''बास'' के कई अर्थ हैं, जिनमें से मुख्य ये हैं : (1) रहने की क्रिया या भाव, निवास। (2) निवास स्थान। (3) बू, गंध। पहले अच्छी और बुरी दोनों प्रकार की गंध के

लिए यह शब्द प्रयुक्त होता था, किंतु अब केवल दुर्गंध के लिए होता है।

(3) अर्थादेश : कभी-कभी किसी शब्द में मौलिक अर्थ के साथ-साथ दूसरा अर्थ लग जाता है। कुछ दिन बाद दूसरा अर्थ चल पड़ता है और पहला अर्थ उड़ जाता है। इसे अर्थादेश अर्थात् अर्थ-परिवर्तन कहते हैं। न इसमें अर्थ का विस्तार होता है न अर्थ का संकोच।

(क) वर का अर्थ था "श्रेष्ठ" किंतु अब यह शब्द केवल दूल्हा के लिए चलता है।

(ख) मौन का मौलिक अर्थ था "मुनियों जैसा आचार-विचार"। किंतु बाद में इसका अर्थ हो गया "मुनियों द्वारा चुप्पी साधना क्योंकि मुनि लोग अधिकतर चुप्पी साधे रहते थे।" अब तो कोई भी किसी कारण चुप्पी साधे, उसे मौन ही कहते हैं।

(ग) धूर्त का पुराना अर्थ था जुआरी, किंतु अब तो इसका अर्थ चालाक, मक्कार, कपटी हो गया है।

(घ) ऋग्वेद में "उष्ट्री" का अर्थ "भैंसा" था, किंतु अब इसका अर्थ "ऊंट" हो गया है।

(ङ) बौद्ध धर्म के अनुयायी बौद्ध कहलाते हैं किंतु उसी शब्द से निकला हुआ शब्द "बुद्धू" "मूर्ख" के अर्थ में प्रयुक्त होता है।

(च) "वाटिका" का अर्थ था बाग़। बंगला में इसका "बाड़ी" बन गया जिसका अर्थ है "बगीचा"।

(छ) साधु का अर्थ था सदाचारी व्यक्ति। वही अर्थ उसमें अब भी लगा हुआ है, किंतु उसी से विकसित अर्थ "साहु अथवा साहू" का अर्थ हो गया है धनी व्यक्ति। इसी से बना है "साहूकारी" जिसका अर्थ है "महाजनी" का व्यवसाय।

(ज) कभी-कभी नए अर्थ के साथ पुराना अर्थ भी चलता रहता है। "रंज" संज्ञा है जिसका अर्थ है दुख, पश्चात्ताप। किंतु इसमें नया अर्थ लगा "शिकायत" का। "उसे मुझसे रंज है" में यही भाव है। कुछ लेखक तो "रंज" का व्यवहार विशेषण रूप में भी करते हैं, जैसे, वह आज कल तुमसे रंज है।" रंजवाला पुराना अर्थ भी बराबर चल रहा है।

(झ) गृह का अर्थ है "घर"। इस अर्थ में तो ये दोनों शब्द चलते ही हैं, किंतु बंगला में "घर" कमरे को कहते हैं।

(ञ) वंश का मौलिक अर्थ है कुटुंब, परिवार। इसी का देशज रूप "बंस" है। इसी से "बांस" और "बांसुरी" निकले हैं किंतु "बंस" का पुराना अर्थ भी बराबर चल रहा है।

मुख आठ सौ पाठ पढ़े अपनो, नहि रंचक नीति की भीति को माने।
जड़ जौनि में जन्म लियो, जड़ता, जिमि आपनि, औरन ऊपर ठाने।
जिमि आपनि बंस को नाश कियो, तिमि औरन पै न दया उर लाने।
अधरामृत चूस के बांसुरिया, ब्रज मंडल में विष बोई बो जाने।।

एक बड़ा भारी मंदिर था जिसके कई द्वार थे। पुजारियों ने एक गुट्ट बना रखा था। शब्दों के इशारे बंधे हुए थे। जब कोई धनी व्यक्ति पहले द्वार पर पहुंचता था, उसका द्वारपाल

(अर्थात् पहला पुजारी) उसको जांचकर आवाज़ लगाता था, ''दामोदर।'' (अर्थात् इसके उदर में ''दाम'' है) दूसरा पुजारी भी अनुमान लगाकर ध्वनि करता था ''शत्पथ ब्राह्मण।'' (अर्थात् इसके पास 100/- से अधिक नहीं मालूम देते)

यदि तीसरे पुजारी का अनुमान इससे अधिक का होता था तो वह आवाज़ देता था ''सहस्र सीताराम''। (1000/-) ,

यदि चौथे के विचार में वह व्यक्ति लूटने योग्य होता था, तो कहता था ''बास देव'' (अर्थात् इसे बांस से मारो) तब चारों मिलकर उसकी कपाल क्रिया कर देते थे। किंतु यदि तीसरे पुजारी का अनुमान भी दूसरे के बराबर ही बैठता था तो वह और चौथा पुजारी चुप हो जाते थे।

(4) अर्थोत्कर्ष : यदि कोई शब्द पहले बुरे अर्थ में प्रयुक्त हो और बाद में अच्छा अर्थ देने लगे, तो उसे अर्थोत्कर्ष कहते हैं।

(क) संस्कृत का ''कर्पट'' शब्द पहले फटे कपड़े के लिए प्रयुक्त होता था। अब उसका प्रयोग सभी प्रकार के कपड़े—अच्छे से अच्छे कपड़े के लिए होता है।

(ख) ''फ़िरंगी'' पुर्तगाली डाकू को कहते थे किंतु आज इसका प्रयोग किसी भी यूरोपवासी के लिए होता है।

(ग) ''मुग्ध'' का पुराना अर्थ था ''मूर्ख'' या ''मूढ़''। किंतु अब इसका अर्थ है, ''आकृष्ट''। काव्य शास्त्र में ''मुग्धा नायिका'' अपने भोलेपन से सबको आकृष्ट कर लेती थी।

(घ) साहस का पुराना अर्थ था ''डाका'', ''लूट'', ''चोरी'', ''हत्या'' किंतु आज इस शब्द ने बहुत उन्नति कर ली है। अब यह ''हिम्मत'' का पर्याय बन गया है।

दीनू एक सेठ जी का नौकर था। एक दिन उसने सेठ जी से कहा, ''हजूर, सबने अपने-अपने नौकर की उन्नति कर दी है। कुछ आप भी हमारी सुनवाई कर लें।''

सेठ जी बोले, ''अच्छा, हम तुम्हारी उन्नति करते हैं। आज से हम तुम्हें दीनू के बदले दीनानाथ कहेंगे।''

(5) अर्थापकर्ष : यह अथोत्कर्ष का उल्टा है। इसमें शब्द का अर्थ अच्छे से बुरे में परिवर्तित हो जाता है।

(क) पहले ''महाराज'' किसी राजा अथवा सम्राट को कहते थे। आज यह रसोइए का समानार्थी है।

(ख) पहले गर्भिणी और गाभिन समानार्थी समझे जाते थे। अब पहला केवल स्त्रियों के लिए प्रयुक्त होता है और दूसरा पशुओं के लिए।

(ग) अभियुक्त का अर्थ था ''प्रामाणिक पुरुष'' किंतु अब इसका प्रयोग ऐसे व्यक्ति के लिए होता है जिस पर कोई अभियोग लगा हो, अर्थात् जिस पर किसी अपराध का दोष लगा हो।

(घ) जैन मुनियों को नग्न और लुंच कहा जाता था। आज ''नंगा'', ''लुच्चा'' के अर्थ काफी बुरे माने जाते हैं।

(ङ) भद्र से ''भद्दा'', प्रणाली से ''परनाला,'' इसी प्रकार के उदाहरण हैं।

(च) पहले असुर का अर्थ था ''देवता'' और ''सुर'' का था राक्षस। अब दोनों के अर्थों में हेरफेर हो गया है। सुर देवता बन गए और असुर राक्षस हो गए। इस उदाहरण में अर्थोत्कर्ष और अर्थोपकर्ष दोनों की झलक मिलती है।

एक कवि सम्मेलन में पं. रामचंद्र शुक्त विराजमान थे। उनकी बारी आई तो बोले, ''मेरे पास सुर नहीं है।'' उनके एक विनोदी मित्र बैठे हुए थे। बोले, ''आप लोग अब असुर की कविता सुनें।''

संयोग से अगला नंबर उन्हीं मित्र का था। वह आरंभ करने ही वाले थे कि शुक्ल जी बोले, ''आप असुर की कविता सुन चुके। अब ससुर की कविता सुनिए।''

(छ) संस्कृति के ''मधुर'' शब्द का अर्थ है मीठा। भोजपुरी का ''माहुर'' शब्द इसी से विकसित हुआ है जिसका अर्थ है ''विष।'' कहां ''मीठा'' और कहां ''विषैला''।

12. अर्थ परिवर्तन के कारण

12.1. लाक्षणिक प्रयोग : अर्थ परिवर्तन का सबसे शक्तिशाली कारण लाक्षणिक प्रयोग है। इसका उल्लेख हम शब्द शक्तियों के अंतर्गत कर चुके हैं। प्रत्येक व्यक्ति की यह इच्छा होती है कि उसकी लेखनी शक्तिशाली भी हो, सुंदर भी। पाठक उसे पढ़ते ही मुग्ध हो जाएं। इसके लिए वह लक्षणा, रूपक, उपमा आदि का सहारा लेता है। मनुष्य के शरीर के अंगों के नामों के सादृश्य पर वह निर्जीव वस्तुओं के अवयवों के नाम रख देता है। हम यहां कुछ उदाहरण देते हैं : गन्ने की आंख, आरे के दांते, सुराही की गर्दन, फोड़े का मुंह, सुई का मुंह, मटके का पेट, लिफाफे की पीठ, श्लोक का चरण, मेज की टांग, कुर्सी का हत्था, सारंगी के कान, कपड़े की कान।

कुछ विशेषण मनुष्यों के सारे शरार पर भी लगाए जाते हैं, जैसे भीमकाय शरीर को हाथी कहा जाता है, कठोर हृदयवाले व्यक्ति को पत्थर हृदय, छिपे शत्रु को सांप, बहादुर को शेर, दिल के काले को काला नाग, सुंदर स्त्री को चंद्रमुखी।

किसी संस्था के व्यवस्थापक ने एक महिला सचिव के पद के लिए विज्ञापन दिया। एक प्रत्याशी बैठी हुई थी जिसकी आंखें चुंधी थीं। उसका नाम पूछा। उसने बताया ''नयनतारा''। व्यवस्थापक ने सोचा, ''ओहो, कैसी आंखें और कैसा नाम।''

उसकी बग़ल में एक अन्य महिला बैठी हुई थी, काली, कलूटी, भद्दी, बदसूरत और मोटी। उससे व्यवस्थापक बोला, ''आपका नाम चंद्रमुखी होगा ? वह बोली, ''अरे, आपने कैसे जाना ?''

कुछ निर्जीव वस्तुओं पर हम ऐसे विशेषण आरोपित कर देते हैं जो प्राणियों पर लगाए जाते हैं, जैसे सजीव चित्रण, जाग्रत मूर्ति, सोया हुआ (साड़ी का) किनारा, ठोस प्रमाण, लचर बात, सरस कविता, नीरस विषय, गहरा रंग, शोख रंग, हंसता हुआ बरामदा, रोता हुआ मकान, कड़वी बोली, मीठे बोल।

> हे बंसी, तू कहां से लाई इतने मीठे बोल।
> जिन बोलों से मोल ले लिया, कान्हा को बिनमोल।।

मीठी बोली से ही संबंध है मृदु कंठ (संज्ञा) और मिठ-बोला (विशेषण)। अब तो रचना के स्थान पर रचनाकारों का नाम भी लिया जाता है, जैसे, प्रसाद का अध्ययन, देवकीनंदन पर शोध, प्रेमचंद पर अनुसंधान।

12.2. परिवेश : हमारे रहन-सहन, खान-पान, बोली आदि पर संबद्ध परिवेश का बहुत गहरा प्रभाव पड़ता है। कभी-कभी ऐसा हुआ है कि कोई भेड़िया किसी दुधमुंहे बच्चे को

उठाकर ले गया है, और उसे जंगल में अपने बच्चे की तरह पाला है। बड़ा होकर वह भेड़ियों की-सी ही बोली बोलता है, मनुष्य की बोली बिलकुल नहीं समझता। ऐसे दृष्टांत इतिहास के पन्नों में अभिलिखित हैं। यहां हम भिन्न-भिन्न प्रकार के परिवेशों पर विचार करेंगे।

12.2.1. भौगोलिक परिवेश : हिंदुस्तान जैसे गरम देशों में अंग्रेजी के ''ड्रिंक'' शब्द का अर्थ है ''पीना'', चाहे पानी पीना हो, चाहे और कोई पेय। किंतु इंग्लैंड जैसे ठंडे देश में ''ड्रिंक'' का अर्थ है ''शराब पीना''। जब हम उस देश के किसी जलपान-गृह में खाने बैठते हैं, तो एक बैरा हमारा आदेश लेने के लिए आता है। जब हम उसे आदेश देते हैं तो वह पूछता है, ''और पीने के लिए क्या लाऊं?'' मेरे जैसे लोग कहते हैं, ''पानी।'' तो आश्चर्य से उसका मुंह खुला-का-खुला रह जाता है। दुबारा पूछता है, ''क्या कहा आपने?'' हम दुबारा कहते हैं पानी। तो वह आश्चर्य में डूबता हुआ पानी ले आता है। पास खड़ा हो जाता है। जब तक वह अपनी आंखों से नहीं देख लेता कि हम वास्तव में पानी पी रहे हैं, उसे विश्वास नहीं होता। हमारे देश में भी यदि किसी से पूछा जाए कि ''क्या आप पीते हैं तो इसका यही अर्थ होगा ''क्या आप शराब पीते हैं?'' इसी से संबद्ध ये वाक्य हैं : (1) क्या उसे पीने का भी शौक है? (2) आज तो वह पीए हुए था, बड़ी बक-बक कर रहा था।

जब हम किसी परिवार के विषय में कहते हैं कि ''खाते-पीते लोग हैं,'' तो इसका यह अर्थ होता है कि ''सामान्यतः संपन्न लोग हैं।'' किंतु यदि यह कहें कि वे ''पीते-खाते लोग हैं'', तो मतलब यह होता है कि ''वे मदिरा और मांस का भी सेवन करते हैं।''

हमारे पूर्वज कदाचित् सबसे पहले एक ठंडे देश में रहते थे। जहां केवल ''भैंसे'' जैसे जानवर होते थे। वे उसे ''उष्ट्र'' कहते थे। बाद में वे गरम देश में आए जहां ''ऊंट'' होते थे। अतः वे उसे भी उष्ट्र कहने लगे। इस प्रकार उष्ट्र का अर्थ ही ऊंट हो गया।

अंग्रेजी के ''कॉर्न'' शब्द का सामान्य अर्थ है अनाज। किंतु अंग्रेजों के यहां प्रमुख अन्न ''गेहूं'' है, अतः उन्होंने इसका अर्थ गेहूं कर लिया। इसी प्रकार स्कॉटलैंड में इसका अर्थ बाजरा और अमेरिका में मक्का हो गया। पिछले युद्ध के दिनों में एक बार इंग्लैंड से एक आदेश ''कॉर्न'' का अमेरिका गया। जब अमेरिकी जहाजों का माल उतारा गया तो उसमें मक्की भरी हुई मिली। इंग्लैंड वाले गेहूं मंगाना चाहते थे, किंतु अमेरिका वालों ने उसका अर्थ मक्का लगाया।

पश्चिमी उत्तर प्रदेश में ''चावल'' और ''भात'' में कोई अंतर नहीं है, किंतु पूर्वी प्रदेश में ''भात'' केवल पके हुए चावल को कहते हैं। उत्तर प्रदेश में ठकुर क्षत्रिय को कहते हैं, बिहार में नाई को और बंगाल में रसोइए को।

12.2.2. सामाजिक परिवेश : समाज के परिवेश के बदल जाने से कभी-कभी शब्दों का अर्थ बदल जाता है। ''मां'' का सीधासादा अर्थ है ''माता''। किंतु किसी भी अजनबी वृद्धा

को "मां जी" कहकर पुकारा जाता है। तरकारी वाले घर-घर जाकर "मां जी" कहकर पुकारते हैं चाहे गृहिणी वृद्धा न हो, प्रौढ़ा ही हो तो भी। बंगाल के बहुत से घरों में घर की पतोहू को भी "बहू मां" के रूप में संबोधित किया जाता है और नानी मां और दादी मां भी प्रचलित संबोधन हैं।

बहन का अर्थ है "भगिनी"। किंतु अस्पताल में सिस्टर बड़ी दाई को कहते हैं। अपने देश का यह शिष्टाचार है कि किसी भी समवयस्क स्त्री को आप बहन जी कहते हैं। छोटी बच्चियां अपने स्कूल की शिक्षिका को बहन जी कहकर पुकारती हैं।

भारत के कुछ भागों में भाभी "सीता" को कहते हैं, कुछ अन्य भागों में "द्रौपदी" को। एक भद्दी-सी कहावत है कि "रईस के साले सब बनने को तैयार हो जाते हैं, गरीब का बहनोई भी कोई बनना नहीं चाहता।"

भारत के कई प्रदेशों में पति, पत्नी और सबसे बड़े पुत्र का नाम नहीं लिया जाता। पति को पत्नी इस प्रकार संबोधित करती है : एजी, सुनो, हां जी। पति के विषय में इस प्रकार बात करती है "ये कह रहे थे", "इन्होंने ऐसा किया था," "आप ही जा रहे थे," अथवा "बबुआ के बाप", "लड़कियों के पिता।"

पति का पत्नी के लिए संबोधन है : मलकिन, घरवाली, लल्ला की महतारी, रमजानी की अम्मां। आधुनिक संबोधन हैं, डार्लिंग, डियरी डॉली, डी आदि।

पुराने विचारों की स्त्रियां अब भी इन परंपराओं को मानती हैं। एक स्त्री के पति का नाम था कालकाप्रसाद। वह कभी "प्रसाद" नहीं कहती थी। उसके बदले "दक्षिणा" का प्रयोग करती थी। एक स्त्री का पति था "बुद्धिराम"। वह इसके बदले "अक्ल राम" कहती थी। एक के पति का नाम था "सोम नारायण"। वह "सोमवार" को कहती थी इतवार से अगला दिन। एक स्त्री के पति का नाम था रामनरायन। वह अलग-अलग "राम" और "नरायन" कह लेती थी किंतु दोनों को मिलाकर "रामनरायन" कभी नहीं कहती थी। इसी प्रकार गंगाप्रसाद की पत्नी "गंगा" को "बड़ी जमना" कहेगी। जमनालाल की पत्नी जमना को "छोटी गंगा" कहेगी। गयाप्रसाद की पत्नी कभी किसी विषय में नहीं कहेगी कि "वह चला गया"।

वैदिक काल में यज्ञ करने वाले को "यजमान" कहते थे। अब यज्ञ का रिवाज तो उठ गया है किंतु "यजमान" शब्द अब भी चलता है। इस शब्द का प्रयोग ब्राह्मणों और नाइयों दोनों के संदर्भ में चलता है। ये लोग एक-दूसरे से पूछते हैं कि तुम्हारी कितने घरों की यजमानी है? कुछ परिवारों में रक्षाबंधन के त्योहार पर नाई या ब्राह्मण ही यजमान के हाथ में "राखी" बांधने आते हैं। बदले में उन्हें कुछ "दक्षिणा" दी जाती है।

एक यजमान बहुत कंजूस थे। एक ब्राह्मण रक्षाबंधन के दिन उन्हें राखी बांधने आया। वह उनके स्वभाव को जानता था, अतः राखी भी रद्दी सी ही लाया था। यजमान ने दक्षिणा में उसे एक पाई (एक पुराना सिक्का जिसका मूल्य आज लगभग एक धेले के बराबर होगा) दी। ब्राह्मण ने पाई फेंक दी और बोला, "पाई, पाई, न पाई, न पाई।"

यजमान ने भी उसके सामने ही राखी दूर फेंक दी और कहा, "राखी, राखी, न राखी, न राखी।"

किसी हिंदी बहुल घर में पहुंच जाइए। आपको इस ढंग के शब्द प्रायः सुनाई देंगे : माता, पिता, पुस्तक, जलपान, भोजन, आवश्यकता। इसके विपरीत, उर्दू-बहुल घरों में ये शब्द सुनने को मिलेंगे, वाल्दा, वालिद, किताब, नाश्ता, खाना, जरूरत।

पेड़ से जब कोई पत्ता गिरता है तो "पत" जैसी ध्वनि निकलती है। कदाचित इसी कारण "पत्" धातु का अर्थ "गिरना" पड़ा। इसी से पतन और अधःपतन जैसे शब्द निकले हैं। जो गिरता है, उसे पत्ता कहने लगे। जो भी वस्तु पत्ते जैसी पतली और चपटी दिखाई दी, उसे "पत्र" कहने लगे। आज भी बरतनों पर चांदी और सोने के "पत्तर" चढ़ाए जाते हैं। पतला और पत्तल शब्द भी इसी से निकले मालूम देते हैं। पत्तल संबंधी कई मुहावरे और कहावतें प्रसिद्ध हो गई हैं : पत्तल परोसना, पत्तल बांधना, पत्तल लगाना, ब्याह बाद पत्तल भारी। पहले-पहल पत्ते पर ही लिखकर चिट्ठी भेजा करते थे, इसलिए पत्र शब्द भी उक्त अर्थ में प्रयुक्त होने लगा। "भोजपत्र" शब्द आज भी चलता है।

पत्र के अर्थ में अरबी शब्द "ख़त" भी चलता है। कुछ पदबंध भी बहुप्रचलित हैं : खतो-किताबत, ख़त-पत्र, चिट्ठी-पत्री। सामान्यतः हिंदीविद् लिखते हैं, "मेरे पत्र का उत्तर देना।" उर्दूविद लिखते हैं "मेरे ख़त का जवाब देना।" ख़त का दूसरा प्रचलित अर्थ है, "कनपटी के बाल। उक्त बालों को दुरुस्त करने को "ख़त बनाना" कहते हैं। एक शेर है :

जब से "ख़त" आने लगा, तब से "ख़त" आने लगा।

12.2.3. भौतिक परिवेश : इंग्लैंड में नारंगी नहीं होती, एक प्रकार का संतरा होता है जिसे टांजेरीन कहते हैं और मीठा नीबू होता है जिसे ऑरेंज कहते हैं। जब अंग्रेज़ हिंदुस्तान आए, उन्हें नारंगी दिखाई दी जो मीठे नीबू की ही शक्ल की थी। उन्होंने उसे भी ऑरेंज कहना शुरू कर दिया। आज हिंदुस्तान भर में नारंगी का समानार्थी ऑरेंज समझा जाता है।

इंग्लैंड में ऐसा पाजामा होता ही नहीं जैसा हम लोग पहनते हैं। केवल धारीदार पाजामा होता है जो सोते समय पहना जाता है। उसे वे लोग भी पिजामा कहते हैं। वहां पतलून को ट्राउजर्स कहा जाता है। इस देश में आकर उन लोगों ने देखा कि हमारा पाजामा उनके पतलून-जैसा है। बस पाजामे के लिए "ट्राउजर्स" चल निकला। आज भी उस देश की किसी भी कपड़े की दुकान पर ग्रे ट्राउजर्स मांगिए। वह आपको धूसर रंग की पतलून दिखाएगा।

जिस गिलास में हम पानी पीते हैं, पहले शीशे का ही होता था। उसे अंग्रेजी में ग्लास कहते थे। हमने उसका भारतीयकृत रूप गिलास अपना लिया। आज कलई, तांबे, कांसे, चांदी, किसी भी धातु के बने उक्त बरतन को हम गिलास ही कहते हैं और शीशा दर्पण का समानार्थी बन गया है। "कर्ड" का मौलिक अर्थ है "छेना"। दही का समार्थी है योगोर्त।

यह शब्द कर्ड से कठिन लगा होगा या और कोई कारण रहा हो किंतु इस देश में लोग कर्ड को दही कहने लगे। आज कितने देशवासी इस बात को जानते हैं।

पहले क़लमें पंखा की बनी करती थीं। अतः क़लम के लिए भी (Pen Pinna = पंख) पंख शब्द ही चलने लगा। अब तो सेटे, लकड़ी, लोहे, शीशे आदि किसी की भी क़लम को हम "पेन" ही कहते हैं।

एक डाकखाने में लिपिक महोदय लेखनकार्य कर रहे थे। उनकी क़लम बहुत ही पुरानी और भद्दी थी। एक ग्राहक को दिल्लगी सूझी। उसने पूछा, "बाबू जी, जब आप पांचवीं कक्षा में पढ़ते थे, तब आपको यह क़लम पुरस्कार में मिली थी!" बाबू साहब भी कुछ कम न निकले। उत्तर दिया, "महोदय जी, पूछताछ का काउंटर अगली मेज़ पर है।"

"टैंक" का अर्थ है "हौज़"। इस अर्थ में टैंक के आधार पर हमने "टंकी" शब्द बना लिया है। यह शब्द भी अब खूब प्रचलित हो चुका है।

12.2.4. सांस्कृतिक-धार्मिक परिवेश : हिंदू चार वर्णों में बंटे हुए थे—ब्राह्मण, क्षत्रिय, वैश्य, शूद्र। अब इन चारों के अर्थ बदल गए हैं। अब ब्राह्मण के लिए वेदपाठी होना आवश्यक नहीं है, न क्षत्रिय के लिए सबकी रक्षा करना। वैश्यों के लिए वाणिज्य अथवा व्यवसाय आवश्यक नहीं है और "शूद्र" कहलाने वाले बहुत से ऊंचे-ऊंचे सरकारी पदों पर नियुक्त हैं।

मनुष्य की आयु 100 वर्ष की मानी जाती थी जो पच्चीस-पच्चीस वर्ष के चार आश्रमों में बंटी हुई थी। अब तो जब तक कोई विवाह न करे, ब्रह्मचारी कहलाता है, चाहे उस आश्रम के अन्य नियमों का पालन करे या न करे। "गृहस्थी" का केवल यह अर्थ रह गया है कि विवाह कर ले। पहले वानप्रस्थी वनों में रहा करते थे। अब घरों में रहकर भी वानप्रस्थी कहलाते हैं और "संन्यास" आश्रम तो नाम मात्र का ही कहलाता है क्योंकि अधिकतर लोगों की आयु तो उक्त आश्रम तक पहुंच ही नहीं पाती।

पहले दक्षिणा के भी कुछ नियम थे। अब तो कोई भी धार्मिक संस्कार करा कर जो कुछ ब्राह्मण को दीजिए, वही दक्षिणा है। पहले पूजा, पाठ, व्रत, मौनव्रत, सदाव्रत, पतिव्रत सबके कड़े नियम बने हुए थे। अब सारे नियम ढीले पड़ गए हैं और "व्रत" का अर्थ तो केवल "भूखे रहना" हो गया है।

साधु लोग एकांत में "भजन-कीर्तन" किया करते थे। अब इनका अर्थ सामूहिक गान हो गया है।

दक्षिण में एक भजनानंदी थे स्वामी एकनाथ। वे गांव-गांव जाकर कीर्तन किया करते थे। गांव में से कोई एक दरी लाकर बिछा दिया करता था, दूसरा लालटेन ले आया करता था। एकनाथ जी कीर्तन करते थे तो सैकड़ों की भीड़ इकट्ठी हो जाया करती थी। जब कीर्तन में वे मस्त हो जाते थे तो आंखें बंद कर लेते थे और सुध-बुध खो बैठते थे। एक बार कीर्तन करते-करते वे आनंद विभोर हो गए। घंटों बाद जब आंख खुली तो देखा कि केवल दो व्यक्ति बैठे हुए हैं, एक दरीवाला और दूसरा लालटेनवाला।

12.3. विनम्रता : हमारी भाषा में शिष्टाचार की मात्रा कदाचित किसी अन्य भाषा से कम नहीं है। अंग्रेज़ी में "मध्यम पुरुष" में दो वचन होते हैं Thou (दाऊ) और you (यू), किंतु हिंदी में तू और तुम के अतिरिक्त आदर सूचक शब्द "आप" भी होता है। ज़रा आप इन वाक्यों पर विचार तो कीजिए :

क्या तू जा रहा है ? : Are thou going?
क्या तुम जा रहे हो ? : Are you going?
क्या आप जा रहे हैं ? : ......

इसी प्रकार नीचे के वाक्यों पर ध्यान दीजिए :

वह आ रहा है। : He is coming.
माँ आ रही है। : The Mother is coming.
माता जी आ रही हैं। : ......

यदि माता जी को Respected Mother भी कहें तो भी आ रही हैं का अनुवाद are coming नहीं हो सकता क्योंकि यह अंग्रेजी की प्रकृति के अनुकूल नहीं बैठेगा। अतएव, हिंदी के वाक्य वाला आदरार्थक भाव अंग्रेजी में आ ही नहीं सकता। विनम्रता में भी हम किसी से कम नहीं हैं। पत्रों के अंत में हम अपना परिचय इस रूप में देते हैं : आपका सेवक, अनुचर, दास, दासानुदास, क्रीतदास।

दूसरों को, विशेषकर अपने से बड़ों, गुरुजनों, उपदेशकों, आदि को इस प्रकार संबोधित करते हैं :

धर्मावतार, अन्नदाता, दीनबंधु, दीनानाथ

चाहे उक्त व्यक्ति बिलकुल अधार्मिक, कंजूस अथवा निर्दयी ही क्यों न हो।

सुनते हैं श्री घनश्यामदास बिड़ला कुछ विशिष्ट दिनों में गरीबों को कंबल बांटा करते थे। एक मुनीम एक बहीखाता और कंबल लेकर साथ चला करता था। एक दिन एकत्र भीड़ में एक व्यक्ति ऐसा दिखाई दिया जो पिछले दिन एक कंबल ले चुका था। मुनीम ने उसे मना कर दिया और आगे बढ़ गया। वह व्यक्ति बिड़ला जी को गाली देने लगा। संभव था कि मुनीम उसे कुछ बुरा भला कहता, किंतु बिड़ला जी ने उसे रोक दिया। बाद में बिड़ला जी मुनीम जी से बोले, "वह व्यक्ति मुझसे महान है ?"

मुनीम, "वह कैसे, सेठ जी ?"

बिड़ला जी, "उसके पास देने योग्य केवल गाली है। वह मुझे अपना सबकुछ दे रहा है। मेरे पास तो बहुत कुछ है। उसमें से मैं उसे कुछ भी नहीं दे रहा हूं।"

बुलाने के लिए आदरार्थक शब्द हैं :

आइए, बैठिए, पधारिए, विराजमान होइए।

खाना खाइए के स्थान पर कहते हैं : भोजन कीजिए।

इससे भी अधिक आदरार्थक है : भोजन पाइए। जूठन नहीं छोड़िएगा।

कोई बड़ा व्यक्ति हमारे घर आ चुका हो तो कहते हैं, "वे इस कुटिया को पवित्र कर गए हैं।"

उर्दू वाले अपने घर को "गरीबखाना" और दूसरे के घर को "दौलतखाना" कहते हैं। किसी का नाम पूछने के लिए कहते हैं: "इस्मे-शरीफ़ ?"

हिंदी वाले पूछते हैं, "आपका शुभ नाम ? अथवा आपका नाम किन अक्षरों को सुशोभित करता है ?"

आप किस परिवार के हैं ? के बदले कहते हैं, आप किस कुल के भूषण हैं ?

हमारे यहां विवाह दो व्यक्तियों का ही नहीं, दो परिवारों का भी बंधन होता है। विवाह के समय जो "कुलोच्चार" होता है, वह तीन पीढ़ी पहले से आरंभ किया जाता है।

कोई पूछता है कि "यह आपका लड़का है ?" लड़के के पिता यह कभी नहीं कहेंगे, "जी हां, यह मेरा ही लड़का है," वरन यह कहेंगे, "जी हां, यह आपका ही लड़का है।"

यदि किसी को पुत्र रत्न प्राप्त होता है, तो सामान्यत: पुत्र के पिता को बधाई नहीं दी जाती, वरन घर के सबसे बड़े को, चाहे वह नवजात पुत्र का दादा हो, चाचा हो, या फूफा ही क्यों न हो। यदि बच्चे के पिता से बड़ा कोई घर में मौजूद हो तो उसी से कहा जाएगा। "लाला जी, आपको बधाइयां।" बच्चे के पिता का अस्तित्व बुजुर्ग के आगे नगण्य समझा जाता है। हमारी विनम्रता उस समय पराकाष्ठा पर पहुंच जाती है जब हम भगवान को संबोधित करते हैं। रामचरित मानस के आरंभ में गोस्वामी तुलसीदास जी कहते हैं:

अति अपार जे सरित बर जौ नृप सेतु कराहिं।
चढ़ि पिपीलिकउ परम लघु बिनु श्रम पारहिं जाहिं।।

अर्थात्, जो बड़ी-बड़ी नदियां हैं, यदि राजा उन पर पुल बंधवा देता है तो अत्यंत छोटी चीटियां भी उन पर चढ़कर बिना परिश्रम के पार चली जाती हैं।

इस प्रकार वाल्मीकि, व्यास आदि मुनियों ने जो मार्ग बनाया है, उसी पर चलकर मैं श्री रामचंद्र जी के अथाह चरित्र का वर्णन कर सकूंगा। इसी ढंग की एक पंक्ति उर्दू में भी है:

जहन्नुम उगल देगा, मुझको निगल कर।

12.4. शिष्टोक्ति: कभी-कभी हम ऐसी बातें कहना चाहते हैं जो सुनने में बुरी लगती हैं। हम उन्हें सुंदर शब्दों में लपेटकर कहना चाहते हैं। ऐसी बातों को शिष्टोक्तियां कहते हैं। इनका प्रयोग कई प्रकार की स्थितियों में होता है:

(क) अश्लीलता: इस शब्द का प्रयोग मलत्याग अथवा यौन संबंधी शब्दों के विषय में होता है। "पाख़ाना" का मौलिक अर्थ है "पांव रखने का स्थान।" किंतु अब इसका संबंध मलत्याग से जुड़ गया है। अत: अब इसके बदले शौच जाना, दिशा-मैदान जाना, टट्टी जाना, आदि का प्रयोग होता है। जब से हमारी टक्कर अंग्रेजी राज्य से हुई, हम लोग शौचालय के स्थान पर "विलायत जाना" अथवा "लंदन जाना" कहने लगे। इसके भी दो वर्ग बन गए। बड़ी विलायत और छोटी विलायत (पेशाबखाना) बहुत से अंग्रेजीविद्

शौचालय को बाथरूम कहने लगे हैं। जिन गांवों में कोई नदी अथवा पोखरा होता है, वहां के लोग इसी अर्थ में "नदी जाना" अथवा "पोखरा जाना" का प्रयोग करते हैं।

कभी-कभी ऐसे वर्णन भी आते हैं कि "रोगी की पीठ पस से भरी हुई थी। फोड़े पर मक्खियां भिनभिना रही थीं।" "कई दिन का शव पड़ा हुआ था, उससे दुर्गंध निकल रही थी।" ऐसी भाषा से घृणा उत्पन्न होती है। यथासाध्य इस प्रकार की उक्तियों को भी बचाना चाहिए।

(ख) अशोभन भाषा: जहाँ तक संभव है हम लोग अशुभ बातों को स्पष्ट रूप से नहीं कहते। घुमाफिराकर कहते हैं। हमारे जीवन में सबसे अशुभ घटना है किसी की मृत्यु। हम उसके बदले "स्वर्गवास, बैकुंठलाभ, गोलोकवास, जीवनमुक्ति आदि शब्दों का प्रयोग करते हैं। यदि किसी की मृत्यु गंगा जी के किनारे के किसी स्थान पर हुई हो तो उसे गंगालाभ भी कहते हैं।

यदि कोई विधवा हो जाए तो कहते हैं कि "उसकी मांग का सिंदूर पुछ गया, उसकी चूड़ी फूट गई अथवा उसका सुहाग लुट गया।"

यदि किसी को सांप काट लेता है तो कहते हैं कि उसे "सांप सूंघ गया है" या "कीड़ा छू गया है।" किसी को चेचक निकल आती है तो कहते हैं कि "उस पर शीतला माता ने कृपा की है।" चेचक भी कई प्रकार की मानी जाती हैं, जिनके नाम हैं: शीतला, दलारी, हंसनी-खेलनी माता। जिले नैनीताल की एक तहसील है काशीपुर। उसके पास के जंगल में "गुल्दार" रहते हैं। वहां के लोग कहते हैं, "जरा संभलकर जाइएगा, वहां 'जानवर' लगता है।"

उर्दूविदों का शिष्टाचार है कि यदि किसी की तबीयत खराब होती है तो पूछते हैं कि "क्या हजूर के दुश्मनों की तबीयत नासाज़ है?" स्त्री को गर्भावस्था के लिए कहते हैं, "उसके पैर भारी हैं।"

12.5. मंगलभाषित: "मंगल भाषण" का कोशों में अर्थ दिया है "किसी अप्रिय अथवा अशुभ बात को प्रिय अथवा शुभ रूप में व्यक्त करना।"

"चूड़ी फूटना" या "टूटना" का लाक्षणिक अर्थ है "वैधव्य" अर्थात् सुहाग उजड़ जाना। अतः यदि किसी स्त्री की चूड़ी टूट जाती है तो हम उक्त अप्रिय प्रसंग को बचाने के लिए कहते हैं कि "उसकी चूड़ी हो गई" अथवा "मौल गई।" वास्तव में "चूड़ी होना अथवा मौलना" कोई अर्थ नहीं है, किंतु यदि हम कहें कि "उसकी चूड़ी फूट गई या टूट गई तो इसका बड़ा ही अप्रिय अर्थ निकलेगा। अतः ऐसा अर्थ बचाने के लिए "होना" और "मौलना" में ये नए अर्थ आरोपित किए गए हैं।

इसी प्रकार "चिराग बुझाना" को "चिराग बढ़ाना" और "दुकान बंद करना" को "दुकान बढ़ाना" कहते हैं ताकि श्रोता हमारी उक्ति का गलत अर्थ न लगाएं।

अब हम एक विवादास्पद प्रश्न उठाते हैं। हमने ऊपर "स्वर्गवास", "बैकुंठलाभ" आदि को शिष्टोक्ति कहा है। बहुत से लेखक इनको भी मंगलभाषित कहते हैं। हम उनसे

सहमत नहीं हैं। यदि हम कहें कि ''गजेंद्र'' का स्वर्गवास हो गया, तो सुननेवाला यही समझेगा कि ''गजेंद्र'' मर गया। दोनों अभिव्यंजनाओं के अर्थों में कोई भी अंतर नहीं है। अंतर केवल इतना ही है कि ज्वर के एक रोगी को हमने शुद्ध कुनैन दी, दूसरे को चीनी में लपेट कर दी। किंतु कुनैन तो फिर कुनैन ही है। उसका प्रभाव तो दोनों दशाओं में ज्वर उतारना ही रहेगा।

अब मान लीजिए किसी स्त्री की चूड़ी फूट गई और हम इसी रूप में किसी को यह बात सुनाते हैं, वह कदाचित इसका यह मतलब लगा लेगा कि ''वह विधवा हो गई,'' जो हमारा तात्पर्य है ही नहीं। अत: हम अपनी बात को बदलकर कहते हैं कि '' उसकी चूड़ी हो गई''। इसका अर्थ यह कदापि नहीं निकल सकता कि ''वह स्त्री विधवा हो गई।'' इसलिए हम ऐसी बात न कहकर जिसका अर्थ अमंगलसूचक हो, ऐसे शब्दों का प्रयोग करते हैं जिनका अर्थ मंगलसूचक हो। कम-से-कम अमंगलसूचक न हो, अप्रिय या अशुभ न हो।

आइए, पधारिए, तशरीफ़ लाइए जैसे शब्दों में अभिव्यंजना का अंतर है, अर्थ का अंतर बिलकुल नहीं है। एक सामान्य भाषा है, शेष शिष्ट और आदरार्थक। किंतु ''चिराग बढ़ा दो'' और ''चिराग बुझा दो'' के अर्थों में आकाश पाताल का अंतर है।

मैं पाखाने जा रहा हूं और मैं शौचालय जा रहा हूं, के अर्थों में क्या अंतर है? इतना अंतर अवश्य है कि दूसरे वाक्य में हम अभिव्यंजना की अप्रियता थोड़ी-सी घटा देते हैं। अर्थ की अप्रियता ज्यों-की-त्यों बनी रहती है। दूसरे वाक्य में शौचालय का अर्थ भी ''पाखाना'' ही रहता है। कोई उस वाक्य का यह अर्थ नहीं लगा सकता कि ''मैं बाजार इमरती या आलू बुखारा लेने जा रहा हूं।'' ''शौचालय'' शिष्ट सम्मत है, पाखाना नहीं। इसीलिए हम उसे शिष्टोक्ति कहते हैं।

12.6. अंधविश्वास : आपने कौशल्या और सुमित्रा नाम तो सुने होंगे किंतु किसी का नाम ''कैकेयी'' हो, ऐसा कदाचित ही सुना हो। कारण ''कैकेयी'' नाम ''दुष्टा'' का समानक हो गया है। इसी प्रकार ''जयचंद'' या ''मीरजाफर'' जैसे नाम बिरले ही मिलेंगे। लोग यह समझते हैं कि ऐसे नाम रखने से तत्संबंधी व्यक्ति में ऐसे ही लोगों के अवगुण आ जाएंगे। सिनेमा के जो अभिनेता खलनायक का अभिनय करते हैं, उनके संसर्ग से ही लोग बचते हैं।

एक अंधविश्वास है कि सवेरे किसी कंजूस का नाम लेने से अनिष्ट होता है। इसलिए ऐसे व्यक्ति का कोई कल्पित नाम रख लेते हैं, जैसे ''दौलतराम'', ''प्रसादीमल।''

एक फिल्म में स्व. अभिनेता डेविड ने जॉन नामक पादरी का अभिनय किया। उसे बच्चे ''जॉन चाचा'' कहते थे। अभिनय इतना सजीव था कि डेविड का नाम ही ''जॉन चाचा'' पड़ गया। सवेरे तड़के ही कोई काना मिल जाए तो अपशकुन समझा जाता है इसलिए ऐसे व्यक्ति को ''एकाक्षी वीर'' कहते हैं। इसी प्रकार अंधे को प्रज्ञाचक्षु कहने लगते हैं। एक अंधविश्वास है कि पृथ्वी शेषनाग के फन पर टिकी हुई है। इसीलिए ''धरणीधर'' का एक अर्थ शेषनाग भी पड़ गया है।

12.7. व्यंग्य अर्थात् विपरीत लक्षणा : इसके अंतर्गत लोगों को विपरीतार्थक नाम दिए जाते हैं । हमारे एक सहपाठी बहुत ही दुबले थे । उन्हें हम लोग "पहलवान साहब" कहते थे । दूसरे बहुत स्थूलकाय थे, उन्हें हम "मिस्टर बारीक" कहा करते थे । इसी प्रकार, कंजूस को "दानवीर कर्ण" और मूर्ख को "गुरु बृहस्पति" कहते थे । झगड़ालू व्यक्ति को शांतिप्रिय और बदशक्ल व्यक्ति को कामदेव कहते हैं । इस संबंध में कुछ कहावतें पठनीय हैं : (क) नाच न जानू, आंगन टेढ़ा । (ख) आंख के अंधे, नाम नैन सुख ।

जो कभी ठीक समय पर न आता हो, उसे समय-पालक और कर्तव्यपरायण कहने लगते हैं । जिन लोगों के बच्चे होकर मर जाते हैं, वे सोचते हैं कि यदि उनके नाम भद्दे और बेढंगे रखेंगे तो कदाचित बच्चे बच जाया करें । अतः वे इस ढंग के नाम रखते हैं : फेंकू, बगेलू, चिथड़ू, चमारू, लपेटे, झपेटे,
कुछ नाम तो ऐसे भी देखे गए हैं : ढैया, पसेरी, ईंटे, पत्थर, झटकन, लोटन

12.8. भावात्मक बल : कुछ नए पदबंध भावातिरेक के कारण बन जाते हैं, जैसे प्रचंड मूर्ख, भयानक गलती । अब लेखक ऐसे प्रयोग करने लगे हैं, और पाठक सहन करते जा रहे हैं । अधिकतर बच्चों के असली नाम के साथ-साथ दुलार के नाम भी रखे जाते हैं, जैसे बच्चा, बच्ची, गुड्डा, गुड़िया, बिट्टी, बिटिया

जब माँ अपनी बेटी को लाड़ में पुकारती है : चुड़ैल, दुष्टा, कमबख्त, तो इन गालियों का मौलिक अर्थ नहीं लिया जाता । यह तो केवल लाड़ दिखाने का एक ढंग है । इसी प्रकार के अभिव्यंजक हैं : राम-राम, छिः, अरे वाह, बेटा, अच्छा बच्चू, समझेंगे तुमसे ।

ग़ालिब का एक शेर है :

लुत्फ़े मय[1] तुझसे क्या कहूं ज़ाहिद ।
हाय कमबख़्त, तू ने पी ही नहीं ।।

यहां "कमबख़्त" के प्रयोग में कितना अपनापन है । सूरदास का एक दोहा है जो उन्होंने भगवान कृष्ण के संबंधन में कहा है :

हाथ छुड़ाए जात हो, निबल जानि के मोहि ।
हिरदै से जब जाओगे, सबल बखानौ तोहि ।।

"निर्मोही" का अर्थ है हृदयहीन, निर्दय । किंतु भगवन्नाम के संसर्ग से बुरे शब्दों का अर्थ भी बदल जाता है । इस संदर्भ में इन पंक्तियों पर ध्यान दीजिए :

पांव पड़ूं तोरे श्याम, ब्रज में लौट चलो ।
बिलख रही है मात यशोदा, नंद जी दुःख में खोए ।
कुछ तो सोच, अरे निर्मोही, ब्रज का कण-कण रोए ।।
ब्रज में लौट चलो ।।

1. शराब का मजा

"निर्मोही" के इस प्रयोग में कितनी ममता है, कितना दुलार, कितना वात्सल्य।

12.9. सार्विक के लिए विशेष का प्रयोग : वह पैसेवाला है। इसमें "पैसे" का अर्थ तांबे का पैसा नहीं है। इस उक्ति का अर्थ यह है कि वह धनवान है। अनेक जानवरों के दोनों लिंग चलते हैं जैसे, हाथी-हथिनी, घोड़ा-घोड़ी, कुत्ता-कुतिया। किंतु ऐसे भी अनेक प्राणी हैं जिनके लिए एक ही लिंग का प्रयोग होता है, जैसे, लोमड़ी, चील, गीदड़, तोता, मैना।

कुछ जानवरों के लिए सदैव पुल्लिग का प्रयोग होता है, जैसे शेर, चीता, हिरन, कौआ आदि और कुछ प्राणियों के लिए सदैव स्त्रीलिंग रूप ही प्रयुक्त होता है, जैसे चींटी, छिपकली, बिल्ली, कोयल आदि।

मनुष्यों के संदर्भ में भी बहुत से शब्द पुल्लिग रूप में ही चलते हैं। "मंत्री" का स्त्रीलिंग रूप "मंत्रिणी" है किंतु दोनों के लिए प्रायः "मंत्री" रूप ही चलता है। इसी प्रकार छात्र और अध्यापक का भी प्रयोग होता है। "मज़दूर" का भी। किसी सभा के अध्यक्ष के लिए चेयरमैन का प्रयोग होता है। स्त्री के लिए मैडम चेयरमैन प्रयुक्त होता था। किंतु अब नया शब्द चेयर परसन गढ़ा गया है जो इस देश में तो खूब चल रहा है।

"जो कोई चोरी करेगा, जेल जाएगा।" इस भाषा से यह अनुमान लगता है कि यह केवल पुरुषों पर ही लागू है। परंतु हम जानते हैं कि इस नियम के अंतर्गत स्त्रियों का भी समावेश होता है, क्योंकि :

> In legal terms, 'he' includes 'she' though in language 'she' includes 'he'.

"मेरे बच्चों की रोटी तो उसी घर से चलती है।" यहां रोटी का अर्थ गेहूं की रोटी से नहीं है वरन् "गुज़र-बसर" से है, पालनपोषण से है।

"जलपान" का मौलिक अर्थ पानी पीना है। किंतु आज यह शब्द नाश्ते का समानक बन गया है जिसमें सामान्यतः चाय, बिस्कुट, केक इत्यादि रहते हैं।

At Home का अर्थ बहुत बदल गया है। जब हम कहते हैं कि feel at home तो अर्थ यह होता है कि "इसे अपना ही घर समझो। अर्थात् उसी प्रकार बैठो, लेटो, खाओ, पियो जैसे अपने घर करते हो।"

जब कोई व्यक्ति कुछ मित्रों को At Home के लिए निमंत्रण देता था, तो अधिकतर इसका आयोजन अपने घर के लॉन में करता था। एक ओर खानेपीने का सामान एक मेज़ पर रहता था, किंतु मेज़ के साथ कुर्सियां नहीं रखी जाती थीं। लॉन में दूसरी ओर ताश की मेज़ लगती थी। कहीं पर गेंद खेलने की व्यवस्था रहती थी, कहीं शतरंज की। मतलब यह था कि जिस कार्यकलाप में आपकी रुचि हो, वही कीजिए किंतु अब तो At Home का अर्थ भी केवल चायपार्टी ही रह गया है। ऐसे कई उदाहरण हम "अर्थ-विस्तार" के अंतर्गत दे चुके हैं।

12.10. शब्दार्थ के एक तत्व की प्रमुखता: हिंदुस्तान में "लाल पगड़ी" पुलिस का प्रतीक बन गई है। यद्यपि पुलिस के अधिकारी लोग और प्रकार के कपड़े भी पहनते हैं किंतु लाल पगड़ी से उनका साहचर्य बहुत घनिष्ठ है। इसी प्रकार साम्यवादियों की निशानी लाल झंडा हो गई है और कांग्रेसियों की गांधी टोपी।

पुलिस जुआरी रामदीन की खोज कर रही थी। जुए के अड्डे के पास एक व्यक्ति दिखाई दिया जिस पर पुलिस को शक हुआ कि यही रामदीन है। पुलिस ने उसे धर दबोचा और कहा, "यही है रामदीन। देखो तो, कैसा हुलिया बदल डाला है, कपड़े बदल लिए, जूते बदल लिए, चश्मा बदल लिया, सारा हुलिया बदल लिया... । पर हमसे बचकर कहां जाएगा।"

वह व्यक्ति बोला, "आपको भ्रम हुआ है। मैं रामदीन नहीं हूं। मेरा नाम कीर्ति स्वरूप है।" पुलिसमैन बोला, "बड़ा चालाक है। नाम तक बदल डाला।"

12.11. गौण अर्थ की प्रमुखता: पांडुलिपि आजकल "मैनुस्क्रिप्ट" के लिए चल रहा है। यह शब्द बेतुका दिखाई देता है क्योंकि पांडु का अर्थ है सफ़ेद। स्याही अर्थात् रोशनाई काली, नीली, लाल तो हुआ करती है, किंतु सफ़ेद नहीं हुआ करती।

हमारे देश में पाठशालाओं में खड़िया से लकड़ी की पट्टी पर लिखा जाता था। कुछ पाठशालाओं में तो अब भी यही रिवाज है। मिट्टी की दवात होती है। जिसे बुदक्का कहते हैं। उसमें पानी डालकर खड़िया घोली जाती है, और कुछ गाढ़ा करने के लिए एक कपड़ा डाल दिया जाता है।

पुराने समय में अनुबंधों के मसविदे भी उसी खड़िया से लिखे जाते थे। खड़िया की लिखाई सफ़ेद होती ही है। इसलिए उसे पांडुलिपि कहते थे। अब उसकी देखा-देखी सब प्रकार के प्रारंभिक लेखों, हस्तलेखों, पुस्तकों के हस्तलेखों को भी पांडुलिपि कहते हैं। अब इस शब्द के बदले हस्तलिपि और हस्तलेख का प्रयोग भी होने लगा है।

कितने लोग जानते हैं कि "शतरंज" का खेल भारत से निकला है, न कि ईरान से, जैसाकि कुछ इतिहासकार लिखते हैं। इसका आरंभ बौद्धकाल में हुआ। प्राचीन काल से भारत में चतुरंगिणी सेना का उल्लेख मिलता है। अर्थात् सेना के चार अंग होते थे: पैदल, सवार, रथ और हाथी। ईरान में पहुंचकर इसका नाम चतरंग हुआ और बाद में शतरंग। अरब वालों ने इसे शतरंज रूप में अपनाया। इटली में इसका रूप Seacehi हुआ, जर्मनी में Sehach, फ्रांस में Rchess। और इंग्लैंड में Chess। भारतीय भाषाओं ने इसका रूप शतरंज ही रहने दिया।

शतरंज का ही एक संशोधित रूप "अतरंज" है। इसमें एक पक्ष का केवल राजा होता है। दूसरे पक्ष में केवल पैदल होते हैं। समस्या यह है कि आठों पैदल किस प्रकार विपक्ष के राजा को ज़िव करें। बहुत कुछ राजा की ढाई घर वाली चाल पर निर्भर होता है जो एक ही बार मिलती है।

शतरंज का एक अन्य रूप है "बीसिया"। शतरंज में प्रत्येक पक्ष में 16 मोहरे होते हैं।

बीसिया में बीस-बीस मोहरे होते हैं। दो अतिरिक्त पैदल और दो अतिरिक्त ऐसे मोहरे, जिनकी चाल घोड़े और मंत्री की चालों से मिलीजुली होती है। यह खेल सामान्य शतरंज से कहीं अधिक जटिल किंतु रोचक होता है।

12.12. एक शब्द के दो रूपों का प्रचलन : कभी-कभी एक ही शब्द के दो रूप चलते रहते हैं। एक तत्सम, दूसरा तद्भव। कुछ दिन तक तो दोनों का एक ही अर्थ रहता है किंतु बाद में दोनों के अर्थों में अंतर पड़ जाता है। यहां हम कुछ शब्द युग्म देते हैं :

खाद्य (खान योग्य), खाद (उर्वरक)
गर्भिणी (स्त्री), गाभिन (गाय-भैंस)
ब्राह्मण, बाम्हन (सामान्यतः अशिक्षित)
भद्र (कुलीन), भद्दा (कुरूप)
सौभाग्य, सुहाग
स्थान, थान

सामान्यतः एक शब्द उच्च अर्थ में चलता है, दूसरा निम्न अर्थ में। स्थान देवी-देवताओं का होता है, थान पशु के बांधने का। कुछ शब्दों को उलटने से भी नए शब्द बन जाते हैं, जैसे :

नव, वन
नीरज, रजनी
ताप, पात
पापी, पीपा

कभी-कभी व्याकरणिक कारणों से भी नए शब्द प्राप्त हो जाते हैं। उपसर्ग, प्रत्यय, लिंग भेद, समास आदि से, जैसे : कविराज, राजकवि; गृहपति, पतिगृह; राजवैद्य, वैद्यराज।

12.13. अर्थ की अनिश्चितता : किसी भी भौतिक वस्तु की परिभाषा देना सरल है, जैसे मेज़, कुर्सी, भोजन, मकान…। किंतु अमूर्त भावों को परिभाषा में बांधना बहुत कठिन है, जैसे झूठ, सच, पवित्रता, अपवित्रता, प्रेम, घृणा, ईश्वर, धर्म…आदि।

सब कहते हैं कि झूठ बोलना पाप है। किंतु क्या यह कोई सार्वत्रिक नियम है। एक रोगी की दशा गंभीर है। उसे 105^0 ज्वर है। यदि हम उसे बता दें कि उसे कितना ज्वर है तो कदाचित् वह सहन न कर सके। हम उससे कहते हैं कि उसका तापमान 102^0 है। हमने झूठ बोला, किंतु क्या यह पाप है?

एक व्यक्ति हांफता हुआ हमारे पास आकर कहता है कि "अमुक व्यक्ति बंदूक लिए मेरा पीछा कर रहा है। क्रोधांध हो रहा है। उसे मत बताना कि मैं किधर गया हूं।" वह एक ओर को दौड़ जाता है। पीछे बंदूकधारी आता है। हम उसे ग़लत मार्ग बता देते हैं क्योंकि हम पहले व्यक्ति को बचाना चाहते हैं? क्या हमने पाप किया है? ऐसे बहुत से उदाहरण दिए जा सकते हैं।

क्या सुंदरता की परिभाषा दी जा सकती है ? कोई भी परिभाषा बनाइए, वकील उसके चिथड़े उड़ा देंगे।

जब पांचों पांडव यमलोक पहुंचे, तो यमराज ने युधिष्ठिर से पूछा, ''धर्म की गति क्या है ?'' बहुत कुछ सोचने-समझने के बाद युधिष्ठिर बोले, ''मैं नहीं बता सकता।'' देखिए युधिष्ठिर, जो धर्मराज कहलाते थे, ठीक उत्तर नहीं दे सके, तब किसी साधारण व्यक्ति का क्या ठिकाना ?

12.14. अज्ञान अथवा भ्रांति : अर्थ के निश्चयन में व्यक्ति की अपनी योग्यता भी काम देती है। बहुत से लोग अज्ञान अथवा भ्रांति के कारण कुछ का कुछ अर्थ लगा लेते हैं।

एक व्यक्ति बाहर की बैठक में किसी से कह रहे थे, ''भई, यों कार्यालय के कर्मचारियों से थोड़ा-बहुत लाभ तो मैं भी उठा लेता हूं, किंतु मेरी अपनी सीमा रेखा है।'' उनकी पत्नी घर के अंदर थी। उसके कानों में केवल दो शब्द पड़े—सीमा, रेखा। तुरंत बाहर निकल आई और बोली, ''मैं भी तो देखूं, तुम्हारी सीमा, रेखा कैसी हैं। दोनों को झोंटा पकड़कर न निकाल दूं तो मेरा नाम नहीं।''

बहुत से लेखक ग़लत अभिव्यंजनाओं का प्रयोग करते हैं। हम यहां कुछ नमूने देते हैं :

(1) मगर भाई कमल, आज, सहसा, न जाने क्यों, मुझे अपना यह अकेलापन कुछ अनुभव-सा होने लगा है : (चन्द्रगुप्त विद्यालंकार : एक सप्ताह)। यहां ''अनुभव-सा होने लगा है'' के बदले ''अखरने खलने लगा है'' होता तो अच्छा था।

(2) बाहर अंधेरा हो गया है। सर्दी अब अनुभव होने लगी है। वही। ''अनुभव होने लगी है'' के बदले ''लगने लगी है'' होता तो अच्छा था।

(3) कुछ लोग कदाचित अपना पांडित्य दिखाने के लिए जान-बूझकर गलत शब्दों का प्रयोग करते हैं, जैसे इच्छा के लिए इक्षा; गर्वीला के लिए गर्भीला; रचनात्मक के लिए रचना-आत्मक।

(4) अंग्रेजी के शब्दों के प्रयोग में भी लोग गलतियां करते हैं, जैसे all right के लिए alright और cousin के लिए cousin brother, cousin का अर्थ ही है चचेरा, तयेरा, ममेरा, फुफेरा भाई। cousin के साथ sister का प्रयोग कर सकते हैं, brother का नहीं।

पत्नी, ''क्यों जी, जब मैं घर के अंदर गाना गाती हूं, तुम घर के बाहर जाकर क्यों खड़े हो जाते हो ?''

पति, ''इसलिए कि पड़ोसी यह न समझें कि मैं तुम्हें मार रहा हूं, और तुम चिल्ला रही हो।''

12.15. संक्षेपण : संक्षेपण करने से भी कुछ शब्दों का अर्थ बदल जाता है।

(1) रेल का मौलिक अर्थ है ''लोहे की पटरी''। किंतु अब ''रेलगाड़ी'' के अर्थ में रेल का प्रयोग होता है।

(2) इसी प्रकार के उदाहरण हैं : कॉपी बुक के लिए कॉपी, bicycle के लिए साइकिल,

Radio set के लिए रेडियो, Television set के लिए दूरदर्शन, Transister set. Radio set के लिए ट्रांजिस्टर, मोटरकार के लिए मोटर अथवा कार, टेलीफोन के लिए फ़ोन।

(3) पति, "रोज तुम फोन पर घंटों बात करती थीं किंतु आज तो तुम मुश्किल से 10 मिनट बोली हो, क्या बात है ?"

पत्नी, "गलत नंबर लग गया था।"

(4) अंग्रेजी में तो शब्दों के पहले अक्षर लेकर नए शब्दों का निर्माण कर लिया जाता है, जैसे NATO : North Atalantic treaty Organisation

SEATO : South-East Asia Treaty Organisation

इसी प्रकार के शब्द हैं : Radar, Noida, News आदि

अब यह प्रवृति हिंदी में भी आती जा रही है, जैसे भाजपा—भारतीय जनता पार्टी, आसुंका—आंतरिक सुरक्षा क़ानून, माकपा—मार्क्सवादी कम्यूनिस्ट पार्टी; प्रालेख—प्रारंभिक लेख, ड्राफ्ट्, मसौदा। अंग्रेजी में यह शब्द बहुत दिन से चल रहा है। Prels =Preliminary Pages इसी की देखा-देखी अब हिंदी आपृष्ठ (=आरंभिक पृष्ठ) बनाया गया है। यह शब्द चलाने योग्य है।

(5) एक सिपाही किसी अपराध पर निलंबित कर दिया गया था। उसने बड़ी लंबी अर्ज़ी लिखी जिसमें प्रार्थना की थी कि उसे बहाल किया जाए। उसके अधिकारी ने कहा, "पांच पन्ने की अर्जी कौन पढ़ेगा ? इसे संक्षिप्त करो।"

वह गया और एक पृष्ठ की अर्ज़ी लिख लाया। अधिकारी ने फिर कहा, "इसे और संक्षिप्त नहीं कर सकते ? इतना लंबा पृष्ठ कौन पढ़ेगा ?"

सिपाही गया और लिख लाया, "अर्ज़ी मुख्तसर, बंदा इधर या उधर।"

हमने अर्थ परिवर्तन के मुख्य-मुख्य कारणों का ही विवेचन किया है। ज्यों-ज्यों इस विषय का अध्ययन होता जाएगा, नए-नए कारण निकलते जाएंगे और इस विषय का विस्तार होता जाएगा।

• • •

ग्रंथसूची

1. किशोरीदास वाजपेयी : 'भारतीय भाषाविज्ञान', चौखंबा विद्या भवन, वाराणसी (सं. 2017)
2. ···'हिंदी शब्दानुशासन' : नागरी प्रचारिणी सभा, वाराणसी, द्वितीय संस्करण (सं. 2023)
3. ···हिंदी शब्दमीमांसा, हिमालय एजेंसी, कनखल, (उ. प्र.) प्रथम संस्करण (1958)
4. ···हिंदी की वर्तनी तथा शब्दविश्लेषण, राजधानी ग्रंथागार, नई दिल्ली, प्रथम संस्करण (1968)
5. देवदत्त कौशिक : 'भाषाविज्ञान', अशोक प्रकाशन, दिल्ली, प्रथम संस्करण (1972)
6. देवेंद्रनाथ शर्मा : 'भाषाविज्ञान की भूमिका', राधाकृष्ण प्रकाशन 4-14, रूपनगर, दिल्ली-7 (1966)
7. बाबूराम सक्सेना : 'अर्थविज्ञान', पटना यूनिवर्सिटी (1948)
8. ब्रज मोहन : 'मानक हिंदी', मैकमिलन कंपनी ऑफ़ इंडिया लिमिटेड, नई दिल्ली (1979)
9. ···शब्द चर्चा, राजकमल प्रकाशन, दिल्ली (1986)
10. भोलानाथ तिवारी : 'भाषाविज्ञान', किताब महल, इलाहाबाद, प्रथम संस्करण (1968)
11. राजमणि शर्मा : 'आधुनिक भाषाविज्ञान', महाशक्ति साहित्य मंदिर, चौखंबा, वाराणसी (1983)
12. रामचंद्र शर्मा : 'अच्छी हिंदी', लोक भारती प्रकाशन, इलाहाबाद, पंद्रहवां संस्करण (1970)
13. ···'शब्दार्थ दर्शन,' रचना प्रकाशन, इलाहाबाद (1968)
14. Har Deo Bahri : **Hindi Semantics,** Bharati Press Publications, Darbhanga Road, Allahabad (1959).
15. L. Bloomfield : **Language,** Motilal Banarasi Das, Delhi (1934)
16. Ogden & Richards : **The Meaning of Meaning,** Kegan Paul, Trench, Trubur & Co. Ltd., London (4th Ed.), 1936.